벽고 시조집

두문동 문을 열다

벽고 장대열 지음

글머리에

　책꽂이 이곳 저곳에 나누어 있던 글들을 꺼내어 한 곳에 모았습니다. 일찍부터 한 곳에 모으고 싶었으나, 망설여지는 마음에 미루다, 이제야 용기를 냅니다.
　정형시인 시조만을 고집하는 것은 선생님의 가르침 때문입니다. 이제는 다른 형식에는 생각이 없을 정도로 시조에만 매달리게 됩니다. 나아감과 머무름의 선택은 개인적인 숙명같기도 합니다. 사람들은 자신이 나아감에 있는지 혹은 머무름에 있는지도 모르면서 어느 것을 선택하여 소유했다고 믿기도 합니다. 나와 우리 동인들은 머무름 속에서 나아감을 추구합니다.
　이제는 찾기도 어려운 빼어난 넋을 가지고 살아온 사람들의 자취를 많이 살펴 보았습니다. 그리고 역사는 살아 있다는 생각이 들었습니다. 역사가 살아 있다는 사실이 두렵기도 하고, 또한 매우 다행이라는 생각이 들기도 합니다.

두려운 것은 지난 일이 묻혀지지 않는 것이요, 다행이라는 것은 지난 잘못을 거울삼아 지금이라도 반드시 고쳐야 하고, 고칠 수 있다는 희망이 있기 때문입니다. 다만 올바른 역사를 알고, 올바로 판단해야 합니다.

지금도 부조현(不朝峴)을 넘어가고 있는 사람들의 모습이 보이는 듯 합니다.

한가락 역사모임과 오래 활동하였습니다. 선생님의 가르침도 많이 받았습니다. 앞으로도 오랫동안 함께 생활하고 싶습니다. 책을 엮어주신 사장님께 고마운 뜻을 전합니다. 감사합니다.

2007년 4월 29일
벽고(碧皐) 장대열(張大烈)

차 례

서울·경기

하나	백두산 천지(白頭山 天池)	환웅(桓雄)	· 11
둘	이헌(怡軒) 묘(墓)	성여완(成汝完)	· 14
셋	경덕재(景德齋)	강회중(姜淮仲)	· 16
넷	모송재(慕松齋)	최청(崔淸)	· 18
다섯	세심정(洗心亭)	조욱(趙昱)	· 20
여섯	상촌재(桑村齋)	김자수(金自粹)	· 22
일곱	의덕사(懿德祠)	차원부(車原頯)	· 24
여덟	죽송오(竹松塢) 묘(墓)	서견(徐甄)	· 26
아홉	청송(聽松) 묘(墓)	성수침(成守琛)	· 28

강원도

열	운곡(耘谷) 묘(墓)	원천석(元天錫)	· 33
열하나	서운재(瑞雲齋)	전오륜(全五倫)	· 35
열둘	경모재(敬慕齋)	이반계(李攀桂)	· 37
열셋	장절공(壯節公) 묘(墓)	신숭겸(申崇謙)	· 39
열넷	요선정(邀僊亭)	양사언(楊士彦)	· 41

충청북도

열다섯	영모재(永慕齋)	김사렴(金士廉)	· 45
열여섯	취원정(聚遠亭)	전숙(全淑)	· 47
열일곱	관란정(觀瀾亭)	원호(元昊)	· 49
열여덟	빙옥정(氷玉亭)	김영이(金令貽)	· 51
열아홉	상산재(常山齋)	송광보(宋匡輔)	· 53

충청남도·대전

| 스물 | 문헌서원(文獻書院) | 이색(李穡) | · 57 |

스물하나	오류서사(五柳書社)	박유(朴愈)	· 59
스물둘	구암재(久菴齋)	복위룡(卜渭龍)	· 61
스물셋	구산사(龜山祠)	전귀생(田貴生)	· 63
스물넷	기곡재(岐谷齋)	임난수(林蘭秀)	· 65
스물다섯	경충재(景忠齋)	도응(都膺)	· 67
스물여섯	부양재(扶陽齋)	김거익(金居翼)	· 69
스물일곱	송오(松塢) 묘(墓)	김승로(金承露)	· 71

전라북도

스물여덟	경두재(景杜齋)	김충한(金沖漢)	· 75
스물아홉	대승재(大承齋)	최양(崔瀁)	· 77
서른	정모재(靖慕齋)	김승길(金承吉)	· 79
서른하나	숭덕재(崇德齋)	진우란(晉于蘭)	· 81
서른둘	삼송재(三松齋)	박의중(朴宜中)	· 83
서른셋	계경재(繼敬齋)	김세영(金世英)	· 85
서른넷	시사재(時思齋)	진여란(晉如蘭)	· 87
서른다섯	풍욕루(風浴樓)	성부(成溥)	· 89

전라남도 · 광주

서른여섯	용호재(龍湖齋)	범세동(范世東)	· 93
서른일곱	영모정(永慕亭)	임탁(林卓)	· 95
서른여덟	재동서원(齋洞書院)	송간(宋侃)	· 97
서른아홉	독수정(獨守亭)	전신민(全新民)	· 99
마흔	송월사(松月祠)	임선미(林先味)	· 101

경상북도 · 대구

마흔하나	채미정(採薇亭)	길재(吉再)	· 105
마흔둘	월암정(月巖亭)	김주(金澍)	· 107
마흔셋	반구정(伴鷗亭)	권정(權定)	· 109
마흔넷	화수정(花樹亭)	구홍(具鴻)	· 111
마흔다섯	세천정(洗川亭)	오국화(吳國華)	· 113

마흔여섯	용포재(龍浦齋)	신우(申祐)	·115
마흔일곱	성인정(成仁亭)	박가권(朴可權)	·117
마흔여덟	영모재(永慕齋)	현옥량(玄玉亮)	·119
마흔아홉	효사암(孝思菴)	배상지(裵尙志)	·121
쉰	경의재(景義齋)	심원부(沈元符)	·123
쉰하나	모선정(慕先亭)	박익(朴翊)	·125
쉰둘	홍일묘(紅日廟)	김제(金濟)	·127
쉰셋	퇴은정(退隱亭)	이억(李嶷)	·129
쉰넷	백송재(白松齋)	안준(安俊)	·131
쉰다섯	개운재(開雲齋)	김선치(金先致)	·133
쉰여섯	첨모재(瞻慕齋)	김구정(金九鼎)	·135
쉰일곱	직산재(直山齋)	임즐(林騭)	·137

경상남도

쉰여덟	취수정(醉睡亭)	김가행(金可行)	·141
쉰아홉	자미정(紫薇亭)	이오(李午)	·143
예순	영사정(永思亭)	이원달(李元達)	·145
예순하나	우곡정(隅谷亭)	정온(鄭溫)	·147
예순둘	교수정(敎授亭)	조승숙(趙承肅)	·149
예순셋	단구관(丹邱館)	김후(金後)	·151
예순넷	망경루(望京樓)	민안부(閔安富)	·153
예순다섯	노강재(魯岡齋)	유번(柳藩)	·155
예순여섯	기동서원(基洞書院)	이경(李瓊)	·157
예순일곱	건계정(建溪亭)	장대장(章大莊)	·159
예순여덟	청금정(淸襟亭)	이치(李致)	·161
예순아홉	경모재(景慕齋)	옥사온(玉斯溫)	·163
일흔	학음재(鶴陰齋)	조계방(趙繼芳)	·165
일흔하나	거연정(居然亭)	전시서(全時敍)	·167
일흔둘	참성단(塹城壇)	단군(檀君)	·169

서울·경기 편

백두산 천지(白頭山 天池)	환웅(桓雄)
이헌(怡軒) 묘(墓)	성여완(成汝完)
· 경덕재(景德齋)	강회중(姜淮仲)
모송재(慕松齋)	최청(崔淸)
세심정(洗心亭)	조욱(趙昱)
상촌재(桑村齋)	김자수(金自粹)
의덕사(懿德祠)	차원부(車原頫)
죽송오(竹松塢) 묘(墓)	서견(徐甄)
청송(聽松) 묘(墓)	성수침(成守琛)

하나. 백두산 천지(白頭山 天池)

불 타는 즈믄 해를
가슴에 품으려고

자작 숲 햐얀 길을
설레며 달렸더니

하늘이 먼저 내렸다
구름 속의 검못아

1. 환웅(桓雄)
• 단군신화(檀君神話)에 나오는 인물 : 천제자(天帝子)・천왕(天王)・천왕랑(天王郎)이라고도 한다. 천제(天帝)인 환인(桓因)의 서자(庶子 : 衆子의 뜻)이며 단군의 아버지이다. 환인으로부터 천부인(天符印) 3개를 받아 무리 3,000을 거느리고 세상에 내려왔다. 태백산(太白山) 신단수(神檀樹) 아래에 신시(神市)를 열고, 풍백(風伯)・우사(雨師)・운사(雲師)를 거느리고 곡(穀)・명(命)・병(病)・형(刑)・선(善)・악(惡) 등 인간의 360여 가지 일을 맡아서 세상을 다스리고 교화하였다.

2. 여정과 보고 느낀 점
▶ 서울 → 대련(大連) → 연길(延吉) → 도토구 → 안현 → 만도마을 → 영경 → 송강 → 삼강 → 이도백하 → 장백대문 → 백두산천지 →

• 백두산 천지(白頭山 天池) : 함경도에 있는 산 이름.
• 즈믄 : 1,000을 헤아리는 우리말 단어. 새 천년을 말하는 단어.
• 검못 : 검은 신(神)을 말하는 우리말 단어. 신이 사는 연못. 신령스러운 연못.
• 참고자료 : 한가락 시조집 11권(2001년).

장백폭포 → 장백온천 → 이도백하 → 송강 → 화룡 → 서성진석 →
용정 → 개산둔 → 두만강 → 연길 → 대련 → 서울

• 대련(大連)이라는 도시는 100년 전만 해도 한가한 어항(漁港)이었는데, 2차 대전 당시에 일본군이 진주하고 중국이 개혁의 기치를 들기 시작하면서 자본주의 체제를 받아들인 도시이다. 그러나 연길(延吉)이나 기타의 마을은 50년대의 우리 마을과 흡사하다. 매우 낙후된 문화시설은 물론, 형편없는 상하수도와 주거 환경은 열악하였다.
• 이도백하에서 백두산 입구인 장백대문까지는 자작나무 숲으로, 원시림 그대로였다. 중국에서 지정한, 제일 큰 자연보호구역으로 엄격하게 통제되고 있다.
• 백두산(白頭山)을 일컬어 천평(天坪)이라고 하는데, 예로부터 옥수밀림(玉樹密林)의 천리천평(千里天坪)이라고 한다. 엄청난 평원이다.
• 백두산(白頭山)의 해발은 2,744m인데, 최근에 측정한 것으로는 2,749m로 기록되고 있다. 중국에서의 명칭은 장백산(長白山)이다. 또한 장백폭포는, 우리나라에서는 비룡폭포라고 서로 다르게 부른다. 최고봉은 장군봉(혹은 병사봉)이며, 북한에 소속되어 있다. 그 외에 16개의 봉우리들이 우뚝하게 솟아있다.
• 천지(天池)는 일명 용왕담(龍王潭)이라고 하는데, 해발 2155m의 높이에 형성된 호수이다. 물고기가 살게 된 것은 1982년 경에 산천어를 방류한 까닭이라고 한다.
• 용정은 비암산의 일송정(一松亭)으로 잘 알려져 있으며 선구자의 노래(처음 이름은 용정의 노래)로 소개된 곳이다. 용정의 노래는 윤혜영이 작사하고 조두남이 작곡한 것이다. 대성중학교에 윤동주의 시비가 있고, 기념관이 있는데, 역사적 유물이라는 것은 동감하나 방문의 주제가 의심스럽다. 이유는 우리가 배운 윤동주의 내용이 정말 정당한 것인가 하는 점이다. 또 하나는 이 유적을 우리는 전혀 관리하는데 참여할 수 없다는 점이다. 중국에 가서 애국심을 고취해야하는, 그것도 학창시절

에 배운 정도의 지식을 확인하는 것에 만족해야 하는가 하는 의문이 남는다.
- 백두산(白頭山)의 별칭은 장백산, 태백산, 도태산(徒太山), 불함산(不咸山), 백산(白山), 단단대령(單單大嶺), 개마대산(蓋馬大山) 등이다.
- 중국의 한자는 손문에 의해서 백화문자로(뜻글자에서 소리글자로) 바뀌었다고 한다. 우리가 배우고 알고 있는 한자와는 차이가 많았다. 한자는 이미 우리의 역사 속에서 죽어있는 글자라는 생각이 든다. 죽은 글자는 학자의 전유물이어야 하며, 학자들은 그들의 지식을 동원하여 역사를 현실로 바꿔줄 의무가 있는 것 아닌가. 도올 김용옥 선생의 주장대로 학자들은 옛 학문과 글들을 번역해야 할 책무가 있다고 생각한다.

백두산 천지(白頭山 天池)

둘. 이헌(怡軒) 묘(墓)

초하루 보름이면
봉우리 찾아 올라

반드시 지켜갈 길
되뇌고 곧게 하며

느직이 찾을 손 그려
고샅 길을 더듬다

1. 성여완(成汝完)
- 성여완(成汝完)은 1308년(고려 충선왕 1년)에 태어나고 1397년(조선 태조 6년 1월 22일)에 돌아가셨다(향년 89세).
- 처음 이름은 한굉(漢匡), 또는 한생(漢生)이었고, 호는 이헌(怡軒), 또는 송창(松窓)이며, 본관은 창녕(昌寧)이다.
- 충숙왕 복위 5년에 문과에 오르고 내외직을 거쳐, 해주, 충주 목사(牧使)를 역임하고, 공민왕 때엔, 민부상서(民部上書)에 임명되었고, 여흥왕 4년에 정당문학(政堂文學), 간성왕 때에 창녕부원군(昌寧府院君)에 봉해졌다.
- 고려말 충신으로 고려의 국운을 바로 세우기 위하여 노력하였으며, 고려가 망한 후에는 절개를 굳게 지키고, 포천 왕방산(王方山) 아래 계류촌에 묘덕암(妙德菴)을 짓고 살면서, 스스로를 왕방거사(王方居士)라고 불렀다. 그리고 매월 초하루와 보름에 뒷산 봉우리에 올라 송도를 보고 통곡하니, 지금 봉우리 이름이 두문봉(杜門峰)이다. 돌아간 뒤에 시호(諡號)를 문정(文靖)이라 하고, 신조정 417년에 물계서원(勿溪書院)에 배향(配享)하도록 명하였다.

- 이헌(怡軒) : 성여완(成汝完)의 호. 고려말의 충신.
- 참고자료 : 한가락 시조집 1권(1991년).

2. 자취

- 산소는 포천군 신북면 고일리 기동에 있으며, 고려의 산소 제도를 그대로 유지하였고, 비석과 각종 석물이 배열되어 있다. 고을 입구에는 유허비가 있고, 안산 바위에는 이헌유촉(怡軒遺躅)과 채미(採薇)가 음각되었다.
- 이가시권(李家詩卷)에는 이헌(怡軒)이 지은 한시(漢詩) 2수와, 시조 한 수가 전해진다.

  일 심어 느직 피니 군자의 덕이로다
  풍상에 아니 지니 열사의 절이로다
  지금에 도연명 없으니 알 이 적어 하노라

- 문례(問禮)고개 – 태조께서 직접 이 곳을 찾아와서 백성을 다스리는 예(禮)를 물었다고 하여 불리는 이름.
- 왕방산(王方山) – 왕이 직접 방문하였다고 하여 불리는 이름.
- 도연명(陶淵明 365~427) – 중국 동진(東晉)·송(宋)나라의 시인. 장시성[江西省] 심양 자상(紫桑) 출생. 이름은 잠(潛)이고, 연명은 자(字). 호(號)는 오류선생(五柳先生). 동진왕조의 초창기에 큰 공을 세운 군벌의 거물 도간(陶侃)의 증손이라고 하며, 외조부 맹가(孟嘉)는 장군 환온(桓溫)의 부하이며 풍류를 즐긴 인물로 알려졌다.

이헌(怡軒) 산소

셋. 경덕재(景德齋)

이 곳에　숨은 것은
봄다움　그리워 함

옳은 뜻　알린 임과
손잡고　지내다가

새 노래　들려 오는 날
짙푸름을　뽐내리

1. 강회중(姜淮仲)

- 강회중(姜淮仲)은 1360년(공민왕 9년)에 태어나고 1421년(조선조 30년)에 돌아가셨다(62세).
- 자는 중보(仲父)이고, 호는 통계(通溪)이며, 본관은 진양(晋陽)이다.
- 태어난 곳은 진양 서쪽 사월촌이니, 지금의 산청군 단성면이다. 어릴 때 단속사 스님에게서 글과 무술을 배웠고, 1374년(고려 공민왕 23년)에 군자승(軍資丞) 벼슬을 받고, 최영장군을 따라 탐라(지금의 제주도)를 정벌할 때 참여하였다. 1382년(여흥왕 8년) 문과에 장원 급제하여, 전농시승(典農寺丞)이 되었고, 홍주목(洪州牧), 감찰집의(監察執義)를 역임하고 봉익대부 보문각 대제학(奉翊大夫寶門閣 大提學)이 되었다.
- 동생 진원은 임신변혁 전에 피살되었고, 형 통정은 곤장 백 대와 유배 형벌이 내려졌고, 아버지 양진은 변방으로 추방되었다. 이에 아버지와 함께 두문동에 들어갔다가, 지금의 고양 고봉산 아래로 숨었으니, 곧

- 경덕재(景德齋) : 고려말의 충신 강회중(姜淮仲)을 기리는 정자.
- 참고자료 : 한가락 시조집 4권(1994년).

무민공 최영장군의 산소가 있는 곳이다.

2. 자취

• 경덕재(景德齋)는 고양시 덕양구 관산동 용화산(龍華山)기슭에 있으며, 강회중(姜淮仲)을 추모하는 곳이다.
• 산소는 경덕재(景德齋) 바로 근처에 있는데, 5백 여년이 지나면서 봉분마저 없어졌는데, 근처에서 지석을 발견하여 묘를 확인하게 되었고, 지금은 잘 보존되고 있다. 향로석, 문신상, 망주석 등이 잘 갖추어져 있고, 아늑한 곳에 안치되었다.

경덕재(景德齋)

넷. 모송재(慕松齋)

맑고도 곧을 거다
이름에 새겨 걸고

소 고삐 슬몃 잡고
밭두둑 갈으면서

푸른 솔 내음 맡으며
솔뫼 터를 꿈꾼다

---

1. 최청(崔淸)

• 최청(崔淸)은 1344년(충혜왕 복위 15년)에 태어나고 1414년(조선 건국 23년 9월 28일)에 돌아가셨다(71세).

• 자는 직재(直哉)이고, 호는 송은(松隱)이며, 본관은 경주(慶州)이다. 고려말에 절개를 지키고, 지조를 굳게 하며 살아가신 사람이다.

• 익제(益齊) 이제현(李齊賢)의 문하에서 공부하여 문과에 합격하고 벼슬이 정당문학(政堂文學)에 올랐다. 때에 신돈(辛旽)이 권력을 전횡하자 임금의 면전에서 그 실책을 탄핵하다가 미움을 사서, 신주감무(信州監務)로 좌천되었으며, 우왕 복위원년에 복귀하여 검교시중(檢校侍中)이 되었다(1375년 우왕 원년임).

• 임신년 왕위 찬탈의 변고를 당하여 고려의 유신들과 두문동에 들어갔다가 후에 양주 풍양에 은거하였다. 호를 송은(松隱)이라 함은 송악

• 모송재(慕松齋) : 고려말의 절의 충신 최청(崔淸)을 기리는 재실.
• 솔뫼 : 고려의 수도인 송도(松都)를 우리말로 풀어쓴 단어.
• 참고자료 : 한가락 시조집 6권(1996년).

(개성)을 잊지 않기 위함이다.
- 조선 태조가 여러 번 찾아와서 산이름을 어래산(御來山)이라 하니, 이것을 부끄럽게 여겨서 송산(松山)에 옮겨 살면서, 자칭 송은거사(松隱居士)라고 하였다.

2. 자취

- 모송재(慕松齋)는 경기도 남양주군 진건면 용정리에 있으며, 최청(崔淸)의 절개를 추모하는 곳이다. 마을 입구에 최청(崔淸)의 신도비가 서 있다.
- 태조가 최청(崔淸)의 마음을 아껴서 여러 번 벼슬에 오를 것을 청하였는데, 뜻을 굽히지 않으니, 태조가 찾아간 산을 어래산(御來山)이라 하고, 집의 문을 관가정(觀稼亭)이라 하면서, 최청(崔淸)의 청풍고절(淸風高節)을 기렸다.
- 산소는 양주군 풍양면 용정리에 있으며 잘 보존되고 있다. 부인은 이성중(李誠中)의 딸인데, 1346년(충목왕 2년)에 태어나고, 1409년(조선 18년 4월 27일)에 돌아 가셨으니(64세), 부인의 생몰년대를 알 수 있음이 특이하다.

모송재(慕松齋)

다섯. 세심정(洗心亭)

밤꽃 내 짙어진 날
마음을 씻으려고

한가락 노래하고
바라본 먼 산머리

소나기 젖은 솔숲이
더욱 산뜻 푸르러

1. 조욱(趙昱)
- 조욱(趙昱)은 연산 4년 무오(戊午,1497)에 태어나서 명종 12년 정사(丁巳, 1557)에 돌아가셨다.
- 조욱(趙昱)의 자는 경양(景陽)이며 호는 용문(龍門)이고, 본관은 평양(平壤)이다.
- 19세(1513)에 생원, 진사에 합격하였으나 세속을 멀리하였으며, 정암(靜菴) 조광조(趙光祖)의 기묘사화(1519) 때에 화를 면하고는 삭녕(朔寧) 땅에 보진암(葆眞菴)을 짓고 거주하면서 세상과 인연을 끊었다.
- 그 후 용문산 근처에 이사하면서 세심정(洗心亭)을 짓고, 시와 음악으로 세월을 보내었으니, 세상 사람들이 용문선생(龍門先生)이라 불렀으며, 후학지도에 힘썼다.
- 명종(明宗)이 어진 사람을 널리 찾을 때에 당시의 사람들이 성수침(成

- 세심정(洗心亭) : 조선조 초기의 덕현(德賢) 조욱(趙昱)을 기리는 정자.
- 참고자료 : 한가락 시조집 1권(1991년).

守琛), 이희안(李希顔), 조식(趙植), 조욱(趙昱)을 천거하였으니, 명종 때에 4대 현인으로 일컬어지고 있었다.

2. 자취

- 세심정(洗心亭)은 양평군 덕촌리산 137번지의 낮은 언덕에 있으며 6각형으로 건축된 정자이다. 정자는 아름드리 나무로 둘러싸여 있으며, 정자 앞에는 작은 연못이 있어서 아담한 정취를 느끼게 한다.
- 마을을 지나서 용문선생(龍門先生)의 산소가 있다. 호석이 잘 정돈되었으며, 작은 동자상이 한 쌍 서 있다.
- 조욱(趙昱)이 지었다는 시조가 한 수 전하는데, 기록된 각 시조집에는 조입(趙岦)의 작품이라고 소개되어 있으나, 조입(趙岦)에 대하여는 알지 못한다고 평하고 있으며, 아직도 소개된 글이 없는 것으로 보아서 한자를 잘모르고 읽은 것이 아닐까 생각한다. 시의 정서로 볼 때 조욱(趙昱)의 작품일 가능성이 짙다.

    유벽(幽僻)을 찾아가니 구름 속의 집이로다
    산채(山菜)에 맛들이니 세미(世味)를 잊을노라
    이 몸이 강산풍월(江山風月)과 함께 늙자 하노라

세심정(洗心亭)

여섯. 상촌재(桑村齋)

기우는 해 아쉬워
달려온 고개 마루

막히는 발걸음에
검게 탄 오디 열매

겨운 듯 누운 돌비석
속삭일 듯 말할 듯

1. 김자수(金自粹)
• 김자수(金自粹)는 1350년(충정왕 3년)에 출생하여 1413년(태종 13년)에 순절(殉節)하였다.
• 김자수(金自粹)의 자는 순중(純仲)이며, 호는 상촌(桑村)이고, 본관은 경주(慶州)이다. 처음 자를 거광(巨曠)이라고 하였는데, 목은(牧隱)이 순중(純仲)으로 고쳐 주었다. 고려가 망함에 불사이군(不事二君)의 충절을 지키기 위하여 스스로 자진(自盡)하였다.
• 공민왕 23년, 나이 19세에 문과에 장원급제하여, 목은(牧隱), 포은(圃隱) 등과 사귀고, 벼슬이 관찰사(觀察使)에 이르렀고, 향리에 있다가 임신변혁을 당하였다. 이에 원래의 이름 김자수(金子粹)를 김자수(金自粹)라고 고치고, 두문동(杜門洞)에 들어 갔으나 방화(防火)로 다시 고향에 내려갔다.
• 어머니 상을 당하여 2년 동안 시묘(侍墓)살이를 하였는데, 그곳을 시묘

• 상촌재(桑村齋) : 고려말의 충신 김자수(金自粹)를 기리는 재실.
• 참고자료 : 한가락 시조집 7권(1997년).

동(侍墓洞)이라고 부른다. 또한 남문 밖에 김자수(金自粹)가 살던 마을에 효자의 정문(旌門)을 세우고, 효자비를 세웠으니, 지금도 보존되고 있다.

2. 자취

- 상촌재(桑村齋)는 경기도 광주시 오포면 신현리에 있으며, 상촌(桑村) 김자수(金自粹)를 추모하는 곳이다.
- 산소는 오포면 신현리의 다사동(多沙洞)에 있는 속칭 십이산골에 있다. 산소에는 묘비와 순절비, 절명사(節命詞) 등이 있어서 살펴 볼 수 있다. 순절비는 김자수(金自粹)의 유언에 따라 세우지 않고 눕혔다.
- 김자수(金自粹)는 임신변혁에 불복하여 사당에 하직하고 개성을 향하여 가던 길에, 지금의 경기도 광주 산마루(楸嶺고개)에 이르러, 음독 자결(自決)하였다. 이때 남긴 절명사(節命詞)가 있다.

平生忠孝意	평생 충효를 하려 했는데
今日有誰知	이제 이를 아는 사람 누구일까
一死吾休恨	나 죽는 것 한이 없으니
九原應有期	저승 길만 나를 반겨 맞으리

상촌재(桑村齋)

일곱. 의덕사(懿德祠)

높고도　아름답다
의젓한　기와 지붕

맞잡은　여든하나
우렁찬　목소리여

새 모습　말하려는가
즈믄 넘을　돌글아

1. 차원부(車原頫)
- 차원부(車原頫)는 1320년(충숙왕 7년)에 태어나고 불의의 죽음을 당하여 돌아가신 때를 잘 알지 못한다.
- 차원부(車原頫)의 자는 사평(思平)이고, 호는 운암(雲巖)이며, 본관은 연안이다. 고려말의 절의충신(節義忠臣)이며, 부조현(不朝峴)을 넘어 두문동(杜門洞)에 들어간 72명의 한 사람이고, 절개를 지킨 은사(隱士)이다.
- 1364년(공민왕 13년) 문과에 올랐고, 여러 중직을 거쳐, 간의대부(諫議大夫)에 올랐다.
- 목은(牧隱) 이색(李穡)과 포은(圃隱) 정몽주(鄭夢周)와 더불어 성리학을 연구하였으며, 특히 주역(周易)에 뛰어났다. 성품이 강직하고 불의의 일에 직간을 서슴지 않았다.
- 그림 그리는 재주가 뛰어나 매화(梅花), 난초(蘭草)의 그림은 보배였다

- 의덕사(懿德祠) : 고려말의 충신 차원부(車原頫)를 기리는 사당.
- 여든하나 : 문중의 81명이 함께 죽임을 당해 설원기(雪寃記)가 남아 있음.
- 즈믄 : 1000을 말하는 우리 고유의 숫자를 나타내는 단어.
- 돌글 : 비석에 쓰인 글을 뜻하는 말을 우리말로 풀어쓴 단어.
- 참고자료 : 한가락 시조집 9권(1999년).

고 한다.
- 임신변혁(壬申變革)에 두문동(杜門洞)에 들어갔다가, 다시 황해도 평산(平山) 수운암동(水雲巖洞)에 들어갔고, 호를 운암(雲巖)이라 하고 칩거하였다. 또한 해주(海州) 신광사(神光寺)에서 왕(王), 차(車), 유(柳)씨의 대종보를 만들었으며, 그 일로 인하여 차(車)씨 일가 80여 명이 함께 죽임을 당하였다.

2. 자취
- 의덕사(懿德祠)는 경기도 평택시 장안동에 있으며, 고려의 개국공신 차달(車達)과 후손인 차원부(車原頫)를 배향하는 사당이다. 정면 3칸, 측면 2칸으로 전면은 통로이고, 2단의 계단 위에 건립하였고, 기둥은 붉은 색으로 문살은 푸른 색으로 단청하였다. 대문에는 장안문(長安門)이라는 현판이 걸려 있다.
- 산소는 처음에는 양주군 구리면 망우리에 모셨으나, 1974년 평택 장안동으로 이장했다. 십이지신(十二支神)을 방위로 표시한 호석을 둘렀으며, 원분을 한 산소와 우람한 비석이 서 있다.
- 차(車)씨 일가의 억울한 죽음을 상소하여 세종 때에 신원(伸寃)되었으며, 세조 때에 설원기(雪寃記)가 완성되었다. 설원기(雪寃記)는 김방경의 초당일기, 정지상의 서경잡기, 서희의 여사(麗史) 등과 함께 고려말의 상황을 살펴 볼 수 있는 자료가 된다.

의덕사(懿德祠)

여덟. 죽송오(竹松塢) 묘(墓)

너른골 뫼 여울에
득하다 날이 들어

수줍은 솔 대 마음
봄 길에 푸르르니

아직은 봄이 일렀나
부끄러운 진달래

---

1. 서견(徐甄)
- 서견(徐甄)의 태어나고 돌아가신 때를 잘 알지 못하며, 고려말의 절의 충신(節義忠臣)이며, 부조현(不朝峴)을 넘어 두문동(杜門洞)에 들어간 72명의 한 사람이고, 절개를 지킨 은사(隱士)이다.
- 서견(徐甄)의 처음 이름은 반(攽)이요, 호는 여와(麗窩) 또는 죽송오(竹松塢)이며, 본관은 이천이다.
- 1350년(충정왕 2년)에 문과에 급제하였고, 1392년(간성왕 4년)에 장령(掌令)이 되었는데, 간관 김진양(金震陽), 이확(李擴) 등과 더불어 조준(趙浚), 정도전(鄭道傳), 남은(南誾) 등을 죄주자고 청하다가, 포은(圃隱) 정몽주(鄭夢周)가 해를 당하고, 아울러 한 패거리로 몰려서 먼 곳으로 귀양을 갔다.
- 임신변혁(壬申變革) 후에 고향인 금천 번당으로 은둔하였으며, 신조정의 모든 유혹을 뿌리치고 절개를 곧게 하였다.

- 죽송오(竹松塢) : 서견(徐甄)의 호. 고려말의 충신.
- 너른골 : 광곡(廣谷)을 우리 말로 풀어 쓴 단어.
- 참고자료 : 한가락 시조집 9권(1999년).

• 서견(徐甄)은 운곡(耘谷) 원천석(元天錫), 복애(伏厓) 범세동(范世東)과 더불어 동방사문연원록(東方斯文淵源錄)을 기록하였다.

2. 자취

• 서견(徐甄)의 산소는 경기도 의왕시 내손동 포일리 광곡, 순환도로 한쪽에 있으며, 고려 충신 서견지묘(高麗忠臣徐甄之墓)라는 작은 비석과 문석이 하나 있다. 산소도 북쪽을 향한 골짜기에 있어서 초라하다. 후손이 없어서 산소를 돌보지 못하고, 외가가 되는 안동 김씨 문중에서 살펴 준다고 한다.
• 서견(徐甄)의 산소는 처음에는 지금의 보라매 공원 근처에 있었는데, 현재의 자리로 이장했다.
• 사례편람을 쓴 이재(李縡)의 아들인 현감 이제원(李濟遠)이, 서견(徐甄)의 묘비가 없음을 안타깝게 여기고, 아버지에게 상의한 후에 묘비를 세웠다고 한다.
• 몇 수의 한시(漢詩)가 남아있고, 시조가 한 수 전한다.

　　암반(岩盤) 설중고죽(雪中孤竹) 반갑고도 반가와라
　　묻노니 고죽(孤竹)아 고죽군(孤竹君)이 어떤 이냐
　　수양산(首陽山) 만고청풍(萬古淸風)에 이제(夷齊) 본 듯하여라

서견(徐甄) 산소

아홉. 청송(聽松) 묘(墓)

돌 새김 부끄러워
옆으로 밀어 놓고

쇠여울 자리잡고
기르고 가르쳐서

새로운 솔대로 가꿔
푸르른 숲 그린다

1. 성수침(成守琛)
- 성수침(成守琛)은 성종24년(1493)에 태어나서 명종 19년(1564)까지 살았던 조선 전기의 덕망가이며 학자이다.
- 성수침(成守琛)의 자는 중옥(仲玉)이며, 호는 청송(聽松), 죽우당(竹雨堂)이고, 시호는 문정(文貞)이고, 본관은 창녕(昌寧)이다. 정암(靜菴) 조광조(趙光朝)의 문하생이다.
- 성수침(成守琛)의 학문은 근본을 깊게하는 것으로 남쪽에는 남명(南溟) 조식(趙植)이 거두(巨頭)였으며, 북쪽으로는 성수침(成守琛)이라고 말하고 있다.
- 지금의 청운동 경기정보고등학교 터에 청송(聽松)이라는 현판을 걸고 집을 지었으며, 그 곳에서 학문에 전념하였다. 명종 때에 4현(四賢)으로 일컫던 사람들 중의 하나이다.

- 청송(聽松) : 성수침(成守琛)의 호. 조선 전기의 덕현(德賢)임.
- 쇠여울 : 성수침을 배향한 파산서원이 있는 곳의 옛 우리 말 이름.
- 참고자료 : 한가락 시조집 1권(1991년).

2. 자취

- 성수침(成守琛)의 산소는 파주군 파주읍 향양리 문중 산에 있으며, 아들 우계(牛溪)의 산소와 함께 관리되고 있다. 산소는 경기도 기념물 59호로 지정되어 있고, 옆에 재각이 있다. 비석은 세우지 말라는 유언에 따라 눕혀 놓았으며, 신도비는 옆으로 세웠다.
- 성수침(成守琛)의 묘비에는 퇴계선생이 행서로 쓰고 율곡, 조익, 김상용, 윤순거, 기대승 등이 참여하였다.
- 저서에는 청송집(聽松集)이 있으며, 여기에 시조 4수가 전하고 있다.

　이리도 태평성대(太平聖代) 저리도 성대태평(聖代太平)
　요지일월(堯之日月)이요 순지건곤(舜之乾坤)이로다
　우리도 태평성대(太平聖代)에 놀고 가려 하노라

* 이 시조는 우리나라 가곡 중에서 가장 느린 계면조(界面調) 태평가(太平歌)의 곡조로 불리운다. 노래는 장중하고 유장하다.

　천지대(天地大) 일월명(日月明)하신 우리의 요순(堯舜)성주(聖主)
　보토생령(普土生靈)을 수역(壽域)에 거느리셔
　우로(雨露)에 패연홍은(霈然鴻恩)이 급금수(及禽獸)를 하셨다

　내 해 좋다하고 남 싫은 일 하지 말며
　남이 한다하고 의하여든 좇지 말라
　우리는 천성을 지키어 생긴대로 하리라

* 이 시조는 청구영언에는 이정보(李鼎輔)가 지은 것으로 기록되어 있다.

　치천하(治天下) 오십년에 부지왜라 천하사(天下事)를
　억조창생 얻고자 원이러냐
　강구에 동요를 들으니 태평인가 하노라

* 이 시조는 청구영언에 변계량(卞季良)이 지은 것으로 기록되어 있다.

- 파주에 있는 파산서원은 경기도 문화재자료 10호이며, 성수침, 성수종, 성혼, 백인걸 4위를 배향하였다. 서원 옆에 우계(牛溪)의 집터가 있고, 경현단이 있다.
- 근처에 고려 태사공 파평 윤(尹)씨 시조인 신달이 탄생했다는 용연(龍淵)이 있다.

성수침(成守琛) 산소

강원도 편

운곡(耘谷公) 묘(墓)
서운재(瑞雲齋)
경모재(敬慕齋)
장절공(壯節公) 묘(墓)
요선정(邀僊亭)

원천석(元天錫)
전오륜(全五倫)
이반계(李攀桂)
신숭겸(申崇謙)
양사언(楊士彦)

열. 운곡(耘谷) 묘(墓)

명아주 지팡이로
산 길을 거닐면서

갈 길이 아니더면
더불지 않으련다

큰 수레 날 찾거들랑
모른다고 이르게

1. 원천석(元天錫)
• 원천석(元天錫)은 고려말의 은사(隱士)로, 태어나고 돌아가신 때를 알 수 없다.
• 원천석(元天錫)의 자는 자정(子正)이요, 호는 운곡(耘谷)이며, 본관은 원주(原州)이다. 36세에 부인을 사별하고, 부모를 봉양하고 자식을 기르기 위하여 벼슬에 나아가지 않고, 몸소 농사를 지었다. 다만 부역을 피하기 위하여 과거 시험에 응시하여 진사(進士)에 합격하였으나, 벼슬에 나아가지 않고 고향에 은둔하였다.
• 이색(李穡)등 고려 유신(遺臣)들과 친하게 지내었고, 성리학에 대한 공부를 많이 하였다, 고려가 망한 후에 고려말의 상황을 적은 야사(野史)집 6권을 지었으나, 소실되었으며, 유고(遺藁) 2권이 남아 있다.
• 고려가 망한 후에 치악산에 제단을 설치하여 고려의 정신을 지켰다.
• 태종(이방원)이 어렸을 때에 원천석(元天錫)이 사부가 되어 공부를 가르쳤다.

• 운곡(耘谷) : 원천석(元天錫)의 호. 고려말의 문인이며 충신.
• 큰수레 : 태종께서 원천석을 찾을 때 타고 온 임금님의 가마를 말함.
• 참고자료 : 한가락 시조집 1권(1991년).

2. 자취

• 산소가 원주시 행구동 석경촌에 남아 있다. 무악대사가 산소를 정하였다고 한다. 부인의 산소도 근처에 있어서 쉽게 찾을 수 있다.
• 최근에 세운 시비(詩碑)가 입구에 있고, 근처를 잘 정돈하여 휴식을 취할 수 있다. 시비에는 운곡의 행적과 운곡이 지었다고 하는 시조 4수가 크게 새겨져 있다.

(회고가) 흥망이 유수하니   만월대도 추초로다
        오백년 왕업이   목적에   붙였으니
        석양에 지나는 객이 눈물겨워 하노라

• 태종이 운곡을 찾아 가서 기다린 곳이 강원도 문화재 자료 16호로(강원도 횡성군 각림면) 태종대로 치악산 각림사(覺林寺) 옆에 있다. 그 근처에는 구연(嫗淵), 또는 노구소(老嫗沼)라는 못이 있는데, 태종이 길 옆에서 밭을 매던 할미에게 운곡의 행선지를 묻자, 할미가 운곡과 약속한 대로 방향을 잘못 알려주고는 죄가 두려워 이 못에 빠져 죽었다고 한다.
• 태종대에서 산속으로 한 시간 가량 가면, 운곡이 거처했다는 석굴이 있고, 한시 연구(聯句)가 새겨져 있다고 한다.
• 복문 주상전하 천우강화 원자즉위 유감(伏聞主上殿下遷于江華元子卽位有感)이라는 제목의 한시(漢詩) 2수가 전한다.

원천석(元天錫) 산소

열하나. 서운재(瑞雲齋)

물 따라　뫼 흐르고
뫼 너머　고개고개

사무친　설움 안고
푸르른　눈물 삼켜

일곱이　함께 불렀다
아라리요　아라리

1. 전오륜(全五倫)
* 전오륜(全五倫)은 태어나고 돌아가신 때는 알 수 없으나, 충혜왕 복위 연간에(1339년쯤) 태어났으며, 세종 원년 쯤에 운명하신 것으로 짐작이 된다. 고려의 충신이요, 두문동에 들어간 72명 중에서 벼슬이 제일 높았으며, 절개와 덕망으로 다른 사람들의 모범이 되었다
* 자는 중지(仲至)이고, 호는 채미헌(採薇軒)이며, 본관은 정선(旌善)이다.
* 1357년(고려 공민왕 6년) 국자감 생원이 되었고, 음서로 봉선고 판관이 되었으며, 1360년에 과거에 장원급제하였다. 후에 내외직을 역임하고, 예문관 대제학, 경연관, 춘추관, 서운관 영사, 그리고 광정대부 정당문학이 되었다.
* 임신변혁 후에 조송산, 김상촌 등과 함께 만수산 두문동에 들어갔다가, 후에 정선 서운산(瑞雲山) 자락에 은둔하였으며, 선조의 묘소 아래 울타리를 하고 나무로 집을 엮어 송방(松房)이라 했으며, 항상 패랭이를 쓰고 다니며 해를 보지 않겠다는 뜻을 굳게 하였다.

* 서운재(瑞雲齋) : 고려말의 충신 전오륜(全五倫)을 기리는 재실.
* 참고자료 : 한가락 시조집 5권(1995년).

2. 자취

• 서운재(瑞雲齋)는 정선군 남면 낙동리 서운산 자락에 있으며, 전오륜(全五倫)을 추모하는 곳이다. 서운재(瑞雲齋) 안에는 숭모사(崇慕祠)가 있어서 전오륜(全五倫)의 위패를 모시고 있다.

• 두문동(杜門洞)에서 정선에 옮겨온 고려 유신(遺臣)들은 김충한(金冲漢), 고천우(高天祐), 이수생(李遂生), 신안(申晏), 변귀수(邊貴壽), 김위(金緯) 등 일곱 사람으로 낙동리에 단을 세우고 고려 선왕에게 제사를 올렸으니, 그 곳을 도경궁촌(挑京宮村), 또는 고려동(高麗洞)이라고 했으며, 지금은 거칠현동(居七賢洞)이라고 부른다.

• 최근에 발굴된 도원가곡(挑源歌曲)에 이색(李穡), 최문한(崔文漢), 전오륜(全五倫), 서견(徐甄), 원천석(元天錫), 구홍(具鴻), 길재(吉再) 일곱 분을 말하는데, 자료를 다시 검토해야 할 것이다. 지금 거칠현동(居七賢洞)에는 당시의 자취를 찾을 길은 없지만, 칠현비(七賢碑)가 세워져 있다.

• 이곳에 있던 고려 유신(遺臣)들이 부른 노래가 정선아리랑의 시작이며, 이두로 표기되었다. (현대 아리랑 노랫말 - 이두 한글 - 한자 - 이두 풀이)

아라리	(아라리	我羅理)	알아주소서 - 알겠느냐
아라이	(아라이	啞囉肆)	벙어리 노릇하는 수고로움을
아라리요	(아율이요	餓慄彛要)	굶어 죽음이 떳떳함이요
아리랑	(아의랑	哦義朗)	의로움을 노래함은
고개로	(고계로	古稽露)	옛날을 헤아려 밝히려는 것
넘어간다	(나모간다	懶慕艱多)	그리움을 헤쳐 가는 것이 어려움이 많도다

서운재(瑞雲齋)

열둘. 경모재(敬慕齋)

혀 물어　말 안하고
손 다쳐　글 못 써도

겹겹이　내리 지킴
터잡고　솟아 올라

눈 시린　노란 은행잎
푸른 하늘　가득다

1. 이반계(李攀桂)
* 이반계(李攀桂)의 태어나고 돌아가신 때를 알지 못하며, 고려말의 충신이요, 불사이군(不事二君)의 절개를 지켜 살아가신 사람이다.
* 이반계(李攀桂)는 호가 송헌(松軒)이요, 본관은 원주(原州)이다.
* 공민왕 때에 문과에 급제하여 신호위 중랑장을 거쳐 예부상서에 올랐다. 임신변혁에 운곡(耘谷) 원천석(元天錫)과 함께 원주(原州) 치악산에 은거하였다. 때에 태종이 친히 이반계(李攀桂)를 찾아 왔는데, 이반계(李攀桂)는 약을 먹고 혀를 끊어 병으로 누워 일어나지 않으니, 태종이 그 절개를 높게 여겨 경원군에 봉하였다. 이것을 부끄럽게 여겨서 본관을 경주에서 원주로 바꾸었다.
* 사전리에 살면서 가꾼 은행나무가 지금도 자라고 있다.

---

* 경모재(敬慕齋) : 고려말의 절의 충신 이반계(李攀桂)를 기리는 재실.
* 참고자료 : 한가락 시조집 6권(1996년).

2. 자취

• 경모재(敬慕齋)는 강원도 횡성군 횡성읍 정암리에 있으며, 이반계(李攀桂)를 추모하는 곳이다.

• 산소는 횡성 정암리 황직동 언덕에 있는데 1991년에 석물을 다시 세웠고, 잣나무를 심어 절개를 기리고 있다.

• 이반계(李攀桂)를 모시던 황필이라는 사람이 있었는데 이반계(李攀桂)가 절명하자 함께 죽었으니, 그 충복에 감복하여 고장 사람들이 동네를 황필동이라 부르고, 황필의 산소도 전해지고 있다.

• 고려의 두문동(杜門洞) 유신들이 치악산에 모여든 까닭은, 고려의 마지막 임금인 공양왕이 태조에게 폐위되어 처음 유배된 곳이며, 그 후 공양왕은 공양군으로 낮아지고 간성과 삼척에 다시 유배된다. 그래서 공양왕을 생각하여 치악산에 은둔한 것이다. 후에 공양왕을 간성왕이라고 부르는 것은 간성에 유배된 까닭이다.

경모재(敬慕齋)

열셋. 장절공(壯節公) 묘

임 위해 가는 길에
이 한 몸 아끼겠나

옷 바꿔 대신 죽고
그 무덤 셋이 되어

푸르른 솔내 그늘에
에워싸여 지내다

1. 신숭겸(申崇謙)
- 신숭겸(申崇謙)의 태어난 때를 알지 못하며 고려 태조 10년(927)에 전사하였다. 고려 초기의 무신으로 개국공신이며, 옛 이름이 광해주(光海州)인 지금의 춘천(春川) 사람이다.
- 처음 이름은 능산(能山)이며, 시호는 장절공(壯節公)이며, 본관은 평산(平山)으로 가문의 시조가 된다.
- 918년 태봉(泰封)의 기장(騎將)으로 배현경(裵玄慶), 홍유(洪儒), 복지겸(卜智謙) 등과 협력하여 궁예를 폐하고 고려 개국의 대업을 이루었다.
- 927년(고려 태조 10년) 공산(公山) (지금의 대구 팔공산을 말함)에서 견훤의 군대에게 포위된 왕건을 구출하기 위하여, 왕건의 옷을 입고 도망가는 체하여 포위망을 뚫어주고는 김락(金樂) 장군과 함께 전사하였다.
- 개국벽상일등공신(開國壁上一等功臣)으로 봉해지고 삼중대광 태사로 추증되었다.

- 장절공(壯節公) : 신숭겸(申崇謙)의 호. 고려초 개국공신.
- 솔내 : 솔향기의 우리 말 단어.
- 참고자료 : 한가락 시조집 1권(1991년).

2. 자취

- 신숭겸(申崇謙)의 산소는 강원도 춘성군 서면 방동리 의암댐 근처에 있으며, 봉분이 세 개이며 석물이 전혀 없다. 그 이유는 공산(公山) 전투에서 목이 잘려서 찾지를 못하고 몸만 찾아 장례를 지내는데, 태조의 명으로 목을 순금으로 만들어 몸에 붙여서 장사를 지내게 하였으니, 후에 도굴을 방비하기 위하여 봉분을 세 개로 만들게 하였다고 한다. 산소 형국은 음혈로 비룡상천형(飛龍上天形)이며, 원래는 고려 태조를 위하여 선택한 곳이란다.
- 1120년(예종 15)에 예종이 신숭겸(申崇謙)과 김락(金樂)을 추모하여 도이장가(悼二將歌)라는 향가를 지었다.
- 태조의 묘정(廟廷)에 배향(配享)되었고, 곡성(谷城)의 양덕사(陽德祠), 대구(大邱)의 표충사(表忠祠), 춘천(春川)의 도포서원(道浦書院), 평산(平山)의 태백산성사에 제향되었다.
- 산소 앞에는 재실이 있고, 기념관에는 후손들의 유품들이 진열되었는데 자하 신위(申偉)의 진품 글씨가 인상적이다.
- 춘천(春川)의 진산인 봉의산 중턱에 소양정(昭陽亭)이 있다. 원래는 이락루(二樂樓)였는데, 여러 번 소실된 것을 1966년에 재건축하였다.

신숭겸(申崇謙) 산소

열넷. 요선정(邀僊亭)

발 아래 물보라 속
무지개 걸려 있고

물 아래 하얀 바위
하늘 빛 물들었고

거문고 줄을 고르니
하늘인 듯 땅인 듯

1. 양사언(楊士彦)
• 양사언(楊士彦)은 중종 12년(1517)에 태어나서 선조17년(1584)까지 살았다. 향년 67세이다.
• 조선 전기의 4대 문인이며, 서예가의 한 사람으로 특히 시(詩)와 초서(草書)에 능통했다고 한다. 조선 전기 4대 서예가는 안평대군(安平大君), 김구(金絿), 한호(韓濩), 양사언(楊士彦)이다.
• 양사언(楊士彦)의 자(字)는 응빙(應聘)이고, 호는 봉래(蓬萊), 완구(完邱), 창해(滄海), 해객(海客) 등이며, 청주(淸州)가 본관이다.
• 명종 1년(1546) 식년문과(式年文科)에 병과(丙科)로 급제한 후, 대동승(大同丞)을 거쳐, 평창, 철원, 회양군수 및 안변군수로 재직 중 지릉(智陵)의 화재로 인하여 귀양갔다가 2년 후 풀려서 귀가하는 길에 병사하였다.

• 요선정(邀僊亭) : 조선 전기 풍류객 봉래(蓬萊) 양사언(楊士彦)을 기리는 정자.
• 참고자료 : 한가락 시조집 2권(1992년).

2. 자취

- 요선정(邀僊亭)은 영월군 수주면 무릉리에 1915년 원씨, 이씨, 곽씨 등이 복원한 정자이다. 옛날에는 봉래(蓬萊) 양사언(楊士彦)이 이 곳에서 선녀들과 풍류를 즐겼으며, 함께 물놀이를 하던 바위에 요선암(邀僊巖) 이라는 글을 새겼는데 글씨는 전하지 않는다. 또한 옛날의 정자 모습도 살펴볼 수 없다.
- 요선정(邀僊亭)은 강원도 문화재 자료 제41호이며, 정면 2칸, 측면 2칸 의 팔작기와지붕으로 되어 있다. 정자 현판 옆에는 모성헌(慕聖軒)이라 는 현판이 함께 있다.
- 요선정 옆에는 강원도 유형문화재 74호인 마애여래좌상이 양각되어 있고 높이 1.4m의 작은 5층 석탑이 있다. 마애여래좌상은 머리에 뾰죽한 육계(肉髻)가 있고, 얼굴은 타원형으로 양감이 풍부하다. 5층 석탑은 근 래에 복원된 듯하다. 기록에는 사자산 흥령사의 입구 암자였다고 한다.
- 30여 분 거리에 법흥사(法興寺)가 있는데, 강원도 문화재 자료 제29 호이며, 신라 선덕여왕 12년(643)에 자장율사가 창건한 것이다. 적멸보 궁이 있고, 자장율사가 수도(修道)하였다고 하는 토굴이 보존되어 있다.
- 요선정은 절벽 위에 세워져 경치가 장엄하다. 아래로는 도원천(桃源 川)과 법흥천(法興川)이 합류한다.

요선정(邀僊亭)

충청북도 편

영모재(永慕齋)　　　　김사렴(金士廉)
취원정(聚遠亭)　　　　전숙(全淑)
관란정(觀瀾亭)　　　　원호(元昊)
빙옥정(氷玉亭)　　　　김영이(金令貽)
상산재(常山齋)　　　　송광보(宋匡輔)

열다섯. 영모재(永慕齋)

큰 길을 바라보고
앉지도 않을 거다

내 무덤 봉우리도
세우지 말아야지

그래도 솟은 무덤은
뜻이 알찬 탓일까

1. 김사렴(金士廉)
- 김사렴(金士廉)은 1335년(충숙왕 복위 4년)에 태어나고 1405년(신조정 14년)에 돌아가셨다(71세).
- 고려말의 충신이며, 절개를 지킨 인물이다.
- 자는 공직(公直)이고, 본관은 안동이다. 일찍이 과거에 합격하여 정당문학 문하시랑에 올랐다. 뛰어난 문장과 곧은 절개는 세인의 추앙을 받고, 직간을 서슴지 않아서 간성왕 4년에 충청도 안렴사로 나가게 된다.
- 임신변혁 후에 도산에 들어가 띠집을 짓고 이름을 모정(慕亭)이라 하였는데, 바로 마을이름이 되었다.

2. 자취
- 영모재(永慕齋)는 충청북도 청원군 오창면 모정리에 있고, 김사렴(金

- 영모재(永慕齋) : 고려말의 충신 김사렴(金士廉)을 기리는 재실.
- 참고자료 : 한가락 시조집 5권(1995년).

士廉)이 세운 모정(慕亭)을 다시 세워 기념하려고, 후손들이 건축한 건물이다. 지금은 재실로 사용하고 있으며, 건물은 잘 정비되어 있다.

영모재(永慕齋)

열여섯. 취원정(聚遠亭)

푸르름 짙은 뫼가
솟구듯 내에 잠겨

드리운 낚시 줄에
뫼부리 걸려 하니

골바람 출렁 불어와
잠든 뫼를 깨운다

1. 전숙(全淑)
- 전숙(全淑)은 고려 충선왕 때에 태어났으며, 조선 건국 후 30여 년을 살다가 돌아가셨는데, 110살을 살아계셨다고 한다.
- 전숙(全淑)의 별호는 판서공(判書公)이며, 본관은 옥천(沃川)이다. 고려 말의 절의충신(節義忠臣)이며 청렴한 은사(隱士)로 일처리가 신중했다고 한다.
- 여흥왕(우왕) 때에 판도판서(版圖判書)에 올랐고, 관성군(管城君)에 봉해졌다. 임신변혁 후에 띠집을 짓고 살면서 항상 산에 올라 송도(松都)를 바라보며 통곡했다고 한다.
- 전숙(全淑)은 조선 건국 후 강가 언덕에 누워 한가한 생활을 했는데, 그 강을 기사천(棄仕川, 또는 耆士川)이라고 부른다.

- 취원정(聚遠亭) : 고려말의 충신 전숙(全淑)을 기리는 정자.
- 참고자료 : 한가락 시조집 7권(1997년).

2. 자취

- 취원정(聚遠亭)은 충청북도 옥천군 동이면 적하리에 있으며, 전숙(全淑)을 추모하는 곳이다. 전면 3칸, 측면 2칸으로 한 쪽에는 방을 만들었다. 담과 건물의 구조가 잘 어울린다.
- 전숙(全淑)의 산소는 동이면 문선동(文宣洞) 함박산(咸博山) 아래 동남향 언덕에 있으며, 원분으로 상석, 장명등, 동자상, 문석, 동물상(양, 염소 등)이 있으며, 1628년(인조 6년)에 세운 옛 비석과 최근에 세운 신도비가 있다.
- 목담서원(鶩潭書院)의 터에 남아있는 목담영당 건물이 있는데, 전유(全侑), 전숙(全淑), 전식(全湜)의 영정이 모셔져 있는데, 전식(全湜)의 영정은 유형문화재 71호로 지정되었으며, 1819년 상주 옥동서원에서 이곳으로 옮겨 배향하였다.
- 목담영당의 위에 옥천 양신정(沃川養神亭)이 있는데, 1545년에 전팽령이 지었고, 병화로 소실되었다가 1828년(순조)에 중건한 건물로, 정면과 측면이 각각 2칸의 목조 기와 팔작 집이며, 소세양의 양신정기(養神亭記)가 있다.

취원정(聚遠亭)

열일곱. 관란정(觀瀾亭)

사내평 감도는 물
두 구비 한 구빈데

사람들 남은 자취
한 구비 두 구비라

구비도 부끄러운 일
바뀌고 또 다투나

1. 원호(元昊)
• 원호(元昊)의 태어나고 돌아가신 때를 알지 못한다. 조선조 초기의 생육신(生六臣)의 한 사람으로 자는 자허(子虛)이고, 호는 무항(霧巷), 관란(觀瀾)이며, 시호는 정간(貞簡)이다. 본관은 원주(原州)이다.
• 세종 5년(1423) 식년문과(式年文科)에 급제하여, 여러 청환직(淸宦職)을 지내고, 문종 때에 집현전 직제학이 되었다.
• 원호(元昊)는 단종이 영월에 유배를 당하자, 이 관란정(觀瀾亭)에 머물면서 표주박에 채소, 과일, 생선 등을 담아 띄우면 청령포에 도달하여 단종이 먹을 수 있도록 했다고 한다. 실제로 관란정(觀瀾亭) 아래에 있는 강물은 청령포를 향해 흐른다.
• 세조 3년(1457) 단종이 변을 당하자, 영월에 가서 3년상을 지냈다.

• 관란정(觀瀾亭) : 조선조 단종 때의 절의(節義) 충신 원호(元昊)를 기리는 정자.
• 한 구비 : 우리 나라가 단일 민족이며 한 나라를 말함.
• 두 구비 : 동강(東江)과 서강(西江)을 나타내는 말. 남북한의 분단을 구비로 표현해 보았음.
• 참고자료 : 한가락 시조집 1권(1991년).

2. 자취

• 관란정(觀瀾亭)은 충청북도 제천군 송학면 장곡리에 있으며, 정면 2칸, 측면 2칸의 정방형으로 팔작 기와 지붕으로 되었으며, 기둥과 마루는 나무로 되어 있다. 관란정(觀瀾亭) 아래로 흐르는 강은 서강(西江)이라고 한다.
• 숙종 29년(1703) 원주에 원호(元昊)를 기리는 정문(旌門)이 섰고, 원천석(元天錫)의 사당에 배향되었다.
• 1782년에 이조판서에 추증되었고, 원주 칠봉서원에 배향되었다.
• 관란정(觀瀾亭) 입구에 원호(元昊)의 시비가 크게 세워져 있는데, 원호(元昊)가 지었다는 시조가 새겨져 있다.

　　간 밤에 우던 여울　슬피 울어 지나거다
　　이제 와 생각하니　님이 울어 보내도다
　　저 물이 거슬러 흐르고녀　나도 울어 보내도다

　　시상리 오류촌에　도처사의 몸이 되어
　　줄없는 거문고를　소리없이 짚었으니
　　백학이 지음하는지　우줄우줄 하더라

• 강원도 영월군 영월읍 명흥리에 단종을 모신 장릉이 있다. 사적 196호로 지정되어 있다. 정조 15년에 충신단을 설치하여 정단에는 32인, 별단에는 264인을 배향한 것이 특색이다.

관란정(觀瀾亭)

열여덟. 빙옥정(氷玉亭)

푸르른　솔 그늘에
빛나는　얼음 구슬

흰 눈에　뒤덮여서
제 모습　흐리더니

세 사위　함께 닦는다
꽃사슴도　짝한다

1. 김영이(金崇貽)
• 김영이(金崇貽)는 고려 충렬왕 23년(1296)에 태어나고, 공민왕 4년(1355)에 돌아가셨으니, 향년이 59세이다.
• 김영이(金崇貽)는 조정이 원나라의 간섭에 울분을 느껴, 국가의 힘을 기를 방책을 간곡하게 간하였으나, 성사되지 못하자, 벼슬을 버리고 영동의 토금리로 물러나 머물다가, 후에 지금의 남전리로 옮겼다.
• 영동의 토금리로 낙향할 때에 사위되는 박원룡(朴元龍), 장비(張丕), 박시용(朴時庸)과 함께 낙향하였다. 그들이 함께 생활하면서 시를 짓고 노래를 부를 때면 근처에 있는 사슴들이 함께 어울렸다고 한다.

2. 자취
• 빙옥정(氷玉亭)은 충청북도 영동군 남전리에 있으며, 정면 2칸, 측면

• 빙옥정(氷玉亭) : 고려말의 충신 김영이(金崇貽)를 기리는 정자.
• 얼음구슬 : 빙옥(氷玉)을 우리말로 풀어쓴 단어. 장인과 사위을 말함.
• 참고자료 : 한가락 시조집 1권(1991년).

2칸의 정방형 팔작기와지붕으로 되었고, 기둥과 마루, 난간은 나무로 되었다.
- 처음에는 사단일정(四壇一亭)을 지어서 단을 청윤정(淸潤亭)이라 하고, 혹은 빙옥(氷玉)이라 하였는데, 장인과 사위의 두터운 정을 빙청옥윤(氷淸玉潤)이라고 한 말에서 비롯된다. 그 후에 박원룡(朴元龍)과 박시용(朴時庸)은 선산으로 옮겨서 살았다. 그래서 지금은 전객시령김공지단(典客寺令金公之壇)과 한성판윤장공지단(漢城判尹張公之壇)의 두 분만 모시고 있다.
- 빙옥정에서 10Km 정도 떨어진 곳에 금강 근처에 난계사(蘭溪祠)가 있는데, 이것은 박시용(朴時庸)의 후손 박연(朴堧)의 위패를 모신 곳으로 충북기념물 8호로 영동군 심천면에 위치하였다. 박연(朴堧)은 1378년에서 1445년까지 살았던 인물로 악률(樂律)에 정통하였고, 적(笛)의 명수이기도 하다.

빙옥정(氷玉亭)

열아홉. 상산재(常山齋)

네모난 돌무데미
반가워 쓰다듬고

흐르는 땀방울을
달래는 마음들이

오롯이 남은 모습을
곧게 세워 놓는다

1. 송광보(宋匡輔)
• 송광보(宋匡輔)의 태어나고 돌아가신 때를 잘 알지 못하며, 고려말의 절의충신(節義忠臣)이며, 은사(隱士)이다.
• 송광보(宋匡輔)의 호는 죽계(竹溪)이고, 본관은 상산(常山 — 지금의 진천)이다.
• 공민왕 때에 과거에 올랐고, 벼슬이 예부상서(禮部尙書)에 이르렀다. 성품이 곧고 강직하여 바른 말을 서슴지 않았다. 포은(圃隱) 정몽주(鄭夢周)가 송광보(宋匡輔)를 칭찬하여 임금을 올바로 도울 재목이라고 했다.
• 간성왕(杆城王) 때에 정도전(鄭道傳)의 참소를 입어 안성군사(安城郡事)로 밀려났다. 임신변혁(壬申變革)에 당하여 개성을 바라보며 삼일 동안 통곡하고는, 벼슬을 버리고 진천 선영 아래로 돌아가서 은거하면서 거

• 상산재(常山齋) : 고려말의 충신 송광보(宋匡輔)를 기리는 재실.
• 네모난 돌무데미 : 고려의 무덤 양식이 네모 형식임을 강조하는 단어.
• 참고자료 : 한가락 시조집 9권(1999년).

문고와 독서로 스스로 즐거움을 삼았다.

2. 자취

- 상산재(常山齋)는 충청북도 진천군 덕산면 두촌리에 있으며, 송광보(宋匡輔)를 추모하는 곳이다. 정면 5칸, 측면 3칸으로, 가운데 3칸은 마루로 되었고, 양쪽 한 칸씩은 방을 만들었다. 3단의 기초를 닦아서 집을 올렸는데, 팔작기와지붕으로 웅장하다.
- 산소는 방분(方墳)으로 고려의 제도를 이어왔고, 호석을 옆에 둘렀으며, 매우 크다. 문신상, 망주석, 석등 등이 있고, 옛 모습의 비석이 나지막하게 서 있다. 근처에는 송주진(宋冑鎭)의 산소와 송인(宋仁)산소, 그리고 원시조인 송순공(宋舜恭)의 단과 비를 찾을 수 있다.

상산재(常山齋)

충청남도·대전 편

문헌서원(文獻書院)	이색(李穡)
오류서사(五柳書社)	박유(朴愈)
구암재(久菴齋)	복위룡(卜渭龍)
구산사(龜山祠)	전귀생(田貴生)
기곡재(岐谷齋)	임난수(林蘭秀)
경충재(景忠齋)	도응(都膺)
부양재(扶陽齋)	김거익(金居翼)
송오(松塢公) 묘(墓)	김승로(金承露)

스물. 문헌서원(文獻書院)

글로써 일러주며
하 많이 길러내고

몸으로 심은 참대
푸르름 더해가니

제비울 넓고 깊어도
감출 수야 있겠나

1. 이색(李穡)
• 이색(李穡)은 1328년(고려 충숙왕 15년)에 나고 1396년(태조 5년)에 세상을 떠났다.
• 자는 영숙(穎叔)이요, 호는 목은(牧隱)이며, 시호는 문정(文靖)이요, 본관은 한산(韓山)이다
• 이제현(李齊賢)의 문하생으로 20세에 원나라에 가서 주역(周易)을 배우고, 성리학을 연구하였으며 26세에 고려 과거에 장원급제하고, 27세에 원나라 전시(殿試)에 차석으로 올라 한림지제고(翰林知制誥)가 된다.
• 국내에 돌아와서 전제(田制)개혁, 국방강화, 교육진흥, 불교억제 등 당면정책을 건의하여 시행하였고, 홍건적(紅巾賊)의 침입 때, 공민왕을 호종하여 일등공신이 되었다.
• 대사성(大司成)이 되자, 성균관의 학칙을 개정하여, 김구용(金九容), 정몽주(鄭夢周), 이숭인(李崇仁) 등을 입학시켜 성리학을 발전시켰다. 우왕의 청에 따라 정당문학(政堂文學)을 역임하고, 우왕의 사부가 되었다.
• 철령위(鐵嶺衛) 사건에는 화평을 주장하였고, 위화도 회군(威化島回軍)

• 문헌서원(文獻書院) : 목은(牧隱) 이색(李穡)을 기리는 서원.
• 제비울 : 여주에 있는 연자탄(燕子灘)을 우리 말로 풀어 쓴 단어. 이색이 화를 당한 장소임.
• 참고자료 : 한가락 시조집 1권(1991년).

에는 조민수(趙敏修) 등과 함께 대항하였으나 실패하고 여러 곳으로 귀양을 다니게 된다. 그러나 태조와 절친한 사이로 목은의 재주를 아껴서 살려두었는데, 69세에 여강(驪江) 청심루(淸心樓) 아래에 있는 연자탄(燕子灘)에서 죽었다.
• 문하에 권근(權近), 변계량(卞季良), 김종직(金宗直) 등이 있어서 학문을 계승하였다.

2. 자취
• 문헌서원(文獻書院)은 충청남도 서천군 기산면 영모리에 있으며, 세종 때 세우고 헌종때 개축하였다. 목은을 배향하였고, 충청남도 문화재 77호로 보존되고 있다. 이 곳에는 우암 송시열이 쓴 글씨가 충청남도 문화재 125호로 보존된다. 영정각에는 목은의 영정이 있고, 장판각에는 당시의 목판이 보관되어 있다.
• 산소는 한주(韓州) 가지현(加智峴)에 있다.
• 여강(驪江) 청심루(淸心樓) 아래에 있는 연자탄(燕子灘)에서 술을 마실 때에 술에 독이 있는 것을 알면서도 술병을 막은 대나무 잎을 물가에 던지고 술을 마시고 운명했다고 한다. 후에 그 대나무 잎이 자라서 숲을 이루게 되는데, 그 대나무 숲이 여주읍 입암에 있다.
• 저서에는 목은시고(木隱詩藁), 목은문고(木隱文藁)가 있다.
• 한시 외에 시조 한 수가 전해진다.

  백설이 잦아진 골에 구름이 머흘에라
  반가운 매화는 어느 곳에 피었는고
  석양에 호올로 서서 갈 곳 몰라 하노라

이색(李穡) 산소

스물하나. 오류서사(五柳書社)

높은 뜻 맑은 바람
네 귀틀 감싸 돌고

이끼 낀 두 돌아이
조는 듯 속삭이듯

버들에 가린 띠집이
가을 볕에 익는다

1. 박유(朴愈)
• 박유(朴愈)는 태어나고 돌아가신 때를 알지 못하며, 고려말 절의충신(節義忠臣)으로 지조를 지킨 은사(隱士)이다.
• 박유(朴愈)의 호는 유은(柳隱)이며, 본관은 울산(蔚山)이다. 처음 이름은 박유(朴悠)였는데, 나라의 어지러움을 보고, 이름을 박유(朴愈)로 고쳤으니, 결심한 바를 알겠으며, 호를 유은(柳隱)으로 한 것은 중국의 도연명처럼 벼슬없이 높은 절개를 지키겠다는 뜻이다.
• 문과에 합격하여 한림(翰林)에 뽑혔다가, 남평감무가 되면서, 임신변혁을 당하니, 벼슬을 버리고 대흥 오류동에 은거하였다.

• 오류서사(五柳書社) : 고려말의 절의 충신 박유(朴愈)를 기리는 서사(書社).
• 돌아이 : 무덤에 있는 동자상을 우리말로 풀어쓴 단어.
• 참고자료 : 한가락 시조집 6권(1996년).

2. 자취

- 오류서사(五柳書社)는 충청남도 예산군 광시면 광시리에 있으며, 유은(柳隱) 박유(朴愈)를 추모하는 곳이다. 마을 입구에 유은(柳隱)공 사적비가 신축되어 있다.
- 박유(朴愈)가 거주하던 곳을 한림동(翰林洞)이라고 하는데, 벼슬과 관계가 있다.
- 박유(朴愈)의 산소는 대흥 일남면 광시리 산에 있으며, 네모난 고려의 제도를 그대로 사용하고 있으며, 비석도 옛 것이란다.

오류서사(五柳書社)

스물둘. 구암재(久菴齋)

두 임금 안 섬기리
솔서울 뒤로 하고

올곧음 애오라지
스물에 심었더니

푸르른 대숲이 되어
모쟁이샘 감싸다

---

1. 복위룡(卜渭龍)
• 복위룡(卜渭龍)은 1372년(고려 공민왕 21년)에 태어나고 1450년(세종 32년)에 돌아가셨다(79세). 고려말의 절의충신(節義忠臣)이며, 두문동에 들어간 72명의 한 사람이다.
• 복위룡(卜渭龍)의 자는 운거(雲擧)이고, 호는 어은(漁隱)이며, 본관은 면천(沔川)이다. 효성이 지극하였으며, 일찍이 문과에 합격한 후에 사온서직장(司醞署直長)에 올랐다.
• 고려의 국운이 혼탁할 때에, 포은(圃隱), 목은(牧隱)과 더불어 국운을 복귀시키려고 노력하였으나, 임신변혁이 되니, 고향인 홍주(지금의 홍성군) 여수동(麗水洞)에 은거하면서, 농사와 고기잡이로 부모를 봉양하였다.

• 구암재(久菴齋) : 고려말의 절의 충신 복위룡(卜謂龍)을 기리는 재실.
• 솔서울 : 송악(松岳)-개성을 우리말로 풀어쓴 단어.
• 참고자료 : 한가락 시조집 6권(1996년).

2. 자취

- 구암재(久菴齋)는 충청남도 홍성군 금마면 송암리에 있으며, 복위룡(卜渭龍)의 절개를 추모하는 곳이다. 정면 5칸, 측면 2칸에 중앙 마루가 있고, 지붕은 겹처마이며, 녹색기와를 인 팔작지붕이다.
- 두문동(杜門洞)에서 낙향하여 여수동(麗水洞)에 은거하다가, 광동으로 옮겼고, 다시 은곡(隱谷)을 거쳐 호동(狐洞)으로 이거(移居)하였다.
- 복위룡(卜渭龍)이 말을 매고 승마하던 말바위가 있으며, 복위룡(卜渭龍)이 심었다고 하는 은행나무가 있다(이 은행나무의 씨앗은 무공공·武恭公 卜智謙이 살던 면천에서 가져왔다고 한다).
- 산소는 태성산(일명 낭구산) 해좌의 언덕에 있는데, 처음 봉분은 없어지고 실묘를 하였다가 1992년에 지석을 발견하여, 쌍분을 합장하였다.
- 복위룡(卜渭龍)의 아들 복한(卜僩)은 아버지의 뜻을 따라 조선조 벼슬에 나가지 않았고, 부모를 극진히 봉양하여 1453년(단종 원년)에 만방효자 장령 복한지문(萬邦孝子掌令卜僩之門)이라는 명정(命旌)을 받았고, 1458년(세조 4년) 효자 장령 복한지리(孝子掌令卜僩之里)라는 정문(旌門)을 세웠다. 이것을 1993년 중수하고 성효각(誠孝閣)이라 이름하여 충남문화재 339호로 지정하였다.
- 복위룡의 아들 복한의 효성이 지극하여 아버지를 봉양하는데 샘이 너무 멀어서 항상 걱정이었는데, 어느날 집 가까이에서 샘이 솟았다고 하여 샘 이름을 모쟁이샘(孝子泉)이라고 하며, 지금도 샘이 있다.

구암재(久菴齋)

스물셋. 구산사(龜山祠)

하늘이 부끄러워
하 바다 섬에 들어

쟁기에 보습 달고
그리움 가꾸우니

새롭게 꾸민 처마가
눈꽃 속에 푸르다

1. 전귀생(田貴生)
* 전귀생(田貴生)은 태어나고 돌아가신 때를 알지 못하며, 고려말 절의 충신(節義忠臣)이며, 은사(隱士)로 두문동(杜門洞)에 들어간 72명의 한 사람이다.
* 전귀생(田貴生)의 자는 중경(仲耕)이며, 호는 뇌은(未隱)이고, 본관은 담양(潭陽)이다.
* 벼슬이 삼사좌윤 밀직제학(三司左尹密直提學)에 올랐고 임신변혁에 두문동(杜門洞)에 들어갔다.
* 두문동(杜門洞)에 들어갔다가 화염 속에서 나와 가지고, 서쪽 바다의 외로운 섬에서 은둔하였는데, 홍주바다의 섬에 전횡사(田橫祠)가 있는데, 그 곳에 전귀생(田貴生)의 시가 걸려 있다고 한다.

---

* 구산사(龜山祠) : 고려말 충신 전귀생(田貴生)을 기리는 사당.
* 하 바다 : 서쪽을 우리말로 하라고 함. 서쪽바다를 우리말로 풀어쓴 단어.
* 참고자료 : 한가락 시조집 7권(1997년).

2. 자취

• 구산사(龜山祠)는 충청남도 홍성군 구항면 내현리에 있으며, 삼형제를 모시는 사당이니, 형님은 전녹생(田祿生) 호는 야은(野隱)이요, 다음은 전귀생(田貴生) 호는 뇌은(耒隱)이고, 막내가 전조생(田祖生) 호는 경은(耕隱)이니 3 형제가 모두 나라에 충성을 보였다.

• 구산사(龜山祠)는 신축한 건물이며, 뜰에는 담양 전공 삼은 선생 영모비(潭陽田公三隱先生永慕碑)가 서있고, 좌우에 재각이 있는데, 왼쪽이 망모재(望慕齋)이다. 내삼문을 들어가면 구산사(龜山祠)이다.

• 송경지(松京誌) 고려 명신전(名臣傳)에 전귀생(田貴生)에 대한 언급이 있고, 벽란진(碧瀾津)을 건너면서 쓴 시가 전한다.

구산사(龜山祠)

스물넷. 기곡재(岐谷齋)

두 팔로　지킨 나라
한 팔로　우뚝 세워

세 가람　모이는 곳
새 터를　잘 닦아서

내 것만　서려 모아서
거룩하자　추긴다

1. 임난수(林蘭秀)
• 임난수(林蘭秀)는 1342년(충혜왕 복위 3년) 3월 17일에 태어나고 1407년(태종 7년) 6월 21일에 돌아가셨다(66세).
• 임난수(林蘭秀)의 별호는 전서공(典書公)이며, 본관은 부안(扶安)이다. 고려말의 절의충신(節義忠臣)이며, 부조현(不朝峴)을 넘어 두문동(杜門洞)에 들어간 72명의 한 사람이다.
• 처음 벼슬에 나가서 홍복도 감록사(興福都監錄事)를 지나고, 여러 관직을 거쳐 가선대부 공조전서(嘉善大夫工曹典書)에 올랐다. 최영 장군이 탐라를 칠 때, 부장으로 참여하여 큰 공을 세웠다. 또한 여러 번 왜구하고 싸우다가 오른팔을 잃어서, 그 초상화에는 잘린 팔이 화살통 속에 들어 있다.
• 임신변혁(壬申變革)에 행단(杏壇)마을에 은거하여 절의를 지켰다.
• 고려조 강좌칠현(江座七賢)의 한 분인 서하(西河) 임춘(林椿)은 임난수

• 기곡재(岐谷齋) : 고려말의 충신 임난수(林蘭秀)를 기리는 재실.
• 세 가람 : 강이 세 개가 모이는 곳.
• 거룩하자 : 우뚝하게 솟는다 우리말 단어.
• 참고자료 : 한가락 시조집 8권(1998년).

(林蘭秀)의 증조부가 되며, 임춘(林椿)은 가전체(假傳體) 소설의 효시가 되는 국순전(麴醇傳), 공방전(孔方傳)의 작가이다.

2. 자취

• 기곡재(岐谷齋)는 충청남도 연기군 동면 용호리에 있으며, 임난수(林蘭秀)의 절개를 추모하는 곳이다. 정면 4칸 측면 3칸의 신축 건물로 내실로 꾸며져 있다.
• 숭덕각(崇德閣)은 정면 5칸, 측면 2칸으로 임씨 가묘 유지(林氏家廟遺址)인데, 임난수의 충절을 기려, 세종대왕이 명 중군총제 신장제액(命中軍總制申將題額)의 임씨가묘(林氏家廟)현판을 하사했으며, 지금도 전한다.
• 임난수(林蘭秀)의 충절(忠節)을 알 수 있는 곳으로 남면 양화리에 있는 전월산 위의 부왕봉(扶王峰), 상려암(想麗巖) 등이 있다.
• 충청남도 연기군 남면 나성리에 독락정(獨樂亭)이 있는데, 기록에는 임난수의 퇴거지인 삼기촌(三岐村) 남쪽 5리 쯤 되는 곳의 나릿재에 있다고 되어 있다. 이 곳은 금강 팔경(錦江八景)의 하나로 임난수의 둘째 아들인 임목(林穆)이 건립한 것으로 지금은 문화재 자료 264호로 지정되었다.(1439년-세종 21년 건축됨). 정자는 장대석 위에 기단을 다듬은 초석, 팔각 화강석으로 받쳤다. 현액은 우암(尤庵) 송시열(宋時烈)이 썼다.

기곡재(岐谷齋)

스물다섯. 경충재(景忠齋)

돌바닥 걸어 들면
푸르름 가득하고

새로이 꾸민 처마
서려온 곧은 숨결

오늘은 아니 불러도
버선 발로 반긴다

1. 도응(都膺)
• 도응(都膺)의 태어나고 돌아가신 때를 알지 못하며, 고려말의 절의충신(節義忠臣)이며, 부조현(不朝峴)을 넘어 두문동(杜門洞)에 들어간 72명의 한 사람이다.
• 도응(都膺)의 자는 자예(子藝)이고, 호는 노은(魯隱), 또는 청송당(靑松堂)이며, 본관은 성주(星州)이다.
• 공민왕 대에 문과에 올라 벼슬이 문하찬성사(門下贊成事)가 되었으나, 당시에 정변을 당하여 멸문의 화를 입게 됨에 향리에 은거하여 두문절속(杜門絶俗)하였다. 임신변혁(壬申變革)후에 신조정에서 신원(伸寃)하여 불렀으나, 이름을 유(兪)라 고치고, 홍주(洪州) 노은동(老隱洞)에 은둔하였다. 이에 신조정에서 청송당(靑松堂)이라는 호와 시(詩)를 내려 주었다.
• 당시 고려말의 친구들과(포은 등) 동화사에서 왕건 태조의 친필인 백원첩(白猿帖)을 보고 지은 연구(聯句)가 있다. 또한 13수의 시를 남겨 놓았다.

• 경충재(景忠齋) : 고려말의 충신 도응(都膺)을 기리는 재실.
• 참고자료 : 한가락 시조집 8권(1998년).

2. 자취

- 경충재(景忠齋)는 충청남도 예산군 응봉면 지석리에 있으며, 도응(都膺)을 추모하는 곳이다. 정문인 양의문(亮義門)을 들어서면, 왼쪽에 숭덕재(崇德齋), 오른쪽에 보호각 건립비가 있고, 중문인 은충문(隱忠門)을 들어서면 청송각(靑松閣)이 있으며, 도응(都膺)의 유품을 전시하고 있다. 특히 왕지(王旨)와 녹패(祿牌)는 조선 태조가 도응(都膺)에게 내린 관직과 봉록이다.
- 산소는 예산군 응봉면 지석리 얕은 산 중턱에 도응(都膺)과 손자(孫子), 증손(曾孫)의 산소가 함께 있다. 산자락에는 우람한 신도비가 있고, 대신상, 망주석, 석등 등이 잘 간직되어 있다. 쌍유형국의 왼쪽 혈에 동향하여 합장했다.
- 4남 1녀를 두었는데, 막내인 도운봉(都雲峰)은 결혼한지 한두 해만에 병으로 죽었는데, 부인이 집 뒤 대밭에 나가 슬픔을 이기지 못하고 통곡하였더니, 하얀 대나무 세 그루가 솟아 올랐다고 한다. 이에 열녀(烈女)를 위하여 정려각(旌閭閣)을 세우도록 하라고 영(令)을 내렸으니, 동국속삼강행실열녀도(東國續三綱行實烈女圖) 기록되었다.

경충재(景忠齋)

스물여섯. 부양재(扶陽齋)

움터로 물러 나와
한 마음 다독이며

맑은 해 기다리며
사립을 넘나 들다

그림자 길게 누으면
서성대는 걸음아

1. 김거익(金居翼)
• 김거익(金居翼)의 태어나고 돌아가신 때는 알지 못한다. 고려말의 절의충신(節義忠臣)이며, 은사(隱士)이다.
• 김거익(金居翼)의 호는 퇴암(退庵)이고, 본관은 의성이다.
• 일찍이 벼슬에 올라 벼슬이 성균악정(成均樂正)을 거쳐, 정당문학(政堂文學)에 올랐다. 목은(牧隱) 이색(李穡)과 친하게 지냈다.
• 김거익(金居翼)의 아버지 김태권(金台權)이 김용(金鏞)의 난리에 누명으로 죽어 가슴아파하는데, 임신변혁(壬申變革)에 당하여 세상의 권력에 회의를 품고, 호서지방인 부여로 은둔하였다.

2. 자취
• 부양재(扶陽齋)는 충청남도 부여군 부여읍 중정리에 있으며, 김거익

―――――――――
• 부양재(扶陽齋) : 고려말의 충신 김거익(金居翼)을 기리는 재실.
• 참고자료 : 한가락 시조집 8권(1998년).

(金居翼)을 추모하는 곳이다. 신도비와 비각이 있고, 대문에 현판이 걸려 있다. 전면 4칸, 측면 2칸으로 마루와 방으로 꾸며져 있다.
• 산소는 부양재(扶陽齋) 옆에 있으며, 충청남도 문화자료 112호로 지정되어 있다. 오래된 비석과 한 쌍의 문신상, 그리고 석등(石燈)이 있으며 무덤 둘레는 호석으로 정리 되었다.
• 김거익(金居翼)이 운명하자 신조정에서 우의정(右議政) 벼슬을 내려, 비석에 새겼더니, 맑은 하늘에서 뇌성벽력(雷聲霹靂)이 쳐서, 비석을 깨뜨렸단다.

부양재(扶陽齋)

스물일곱. 송오(松塢) 묘(墓)

솔 푸른 곧은 언덕
네모 난 옛 매무새

세 번을 묻고 물어
골골을 밝혔으니

뜰 밖을 바랄 일 없다
우리 곁에 있었다

1. 김승로(金承露)
• 김승로(金承露)는 1359년(공민왕 8년)에 태어나고 1438년(세종 20년)에 돌아가셨다(80세). 고려말의 절의충신(節義忠臣)이며, 부조현(不朝峴)을 넘어 두문동(杜門洞)에 들어간 72명의 한 사람이고, 절개를 지킨 은사(隱士)이다. 김승로(金承露)의 자는 천뢰(天賚)이고, 호는 송오(松塢)이며, 본관은 강릉이다.
• 아버지 충절공(忠節公)의 명으로 삼형제가 태학에 들어가, 목은(牧隱) 이색(李穡)과 포은(圃隱) 정몽주(鄭夢周)를 스승으로 섬겼다. 벼슬에 나아가서 헌사(憲司)와 형부(刑部)를 역임하고, 밖으로는 네 고을의 일을 맡았다.
• 고려말의 어지러운 정사를 보면서 개탄하고, 사간(司諫) 김휴(金休), 처사(處士) 최호(崔浩), 장령(掌令) 서견(徐甄) 등 동문 여러 명과 더불어 송악(松岳)에 글방을 만들고 고전을 토론하였다.

• 송오(松塢) : 고려말의 충신 김승로(金承露)의 호.
• 네모 난 옛 매무새 : 고려의 무덤 모양은 네모난 모습이다.
• 참고자료 : 한가락 시조집 9권(1999년).

• 임신변혁(壬申變革)에 조복을 찢어 동문 밖에 걸고 두문동(杜門洞)에 들어갔다가, 후에 고향으로 돌아가 의를 지키며 문을 걸고 나가지 않았다.

2. 자취
• 산소는 충청남도 연기군 전동면 청남리에 토단 3단으로 되어 있고, 방분(方墳)을 사용하여, 고려의 제도를 유지하고 있다. 둘레 호석은 돌로 장식하여 무덤을 견고하게 하였다. 비석이 600년을 견디면서 마모되었고, 그 옆에 새 비석을 마련하였다. 상석도 옛 것은 옆으로 옮겨 놓고, 새 것을 갖추었다. 문신상과 망주석, 석등(石燈)이 있다.

김승로(金承露) 산소

전라북도 편

경두재(景杜齋)	김충한(金冲漢)
대승재(大承齋)	최양(崔瀁)
정모재(靖慕齋)	김승길(金承吉)
숭덕재(崇德齋)	진우란(晉于蘭)
삼송재(三松齋)	박의중(朴宜中)
계경재(繼敬齋)	김세영(金世英)
시사재(時思齋)	진여란(晉如蘭)
풍욕루(風浴樓)	성부(成溥)

스물여덟. 경두재(景杜齋)

두류뫼   깊은 골짝
한 자락   베고 누워

먼 길에   지친 몸을
파람에   달래면서

긴 나룻   쓰다듬으며
해오라비   어룬다

1. 김충한(金冲漢)
- 김충한(金冲漢)의 태어나고 돌아가신 때는 알지 못한다. 고려말 충신(忠臣)이요, 절개를 굳게 지킨 은사(隱士)이다.
- 자는 통경(通卿)이요, 호는 수은(樹隱)이며, 본관은 경주(慶州)이다.
- 나이 20세에 문예가 갖추어져서 과거에 합격하였고, 여러 내외직을 역임하다가, 봉익대부 예의판서에 올랐다. 그러나 항상 베옷을 입고 검소한 생활태도를 겸비하였으며, 사람들의 칭송을 받았다.
- 임신변혁에 당하여 만수산 두문동에 들어갔으며, 두문동에서 전오륜(全五倫) 등 일곱 명과 함께 정선의 거칠현동(居七賢洞)에서 생활하다가, 다시 남원의 백룡동에 터를 잡고 골짜기를 두곡(杜谷)이라고 했으며, 자칭 망국대부(亡國大夫)라 부르고 박장(薄葬)하라고 유언하였다.

- 경두재(景杜齋) : 고려말의 충신 김충한(金冲漢)을 기리는 재실.
- 두류뫼 : 지리산의 이름을 옛 이름으로 바꿔서 사용한 것.
- 참고자료 : 한가락 시조집 5권(1995년).

2. 자취

- 경두재(景杜齋)는 전북 남원시 송동면 두신리에 있으며 두신리가 병목처럼 생겼다고 해서 호촌(壺村) 또는 망골이라고 한다. 산소는 실전하였으며 백룡동에 단이 있다.
- 신도비는 운상문(雲狀紋)의 중층기단을 쌓고 귀부, 비신, 이수를 갖추었으며, 높이가 4, 5m정도된다. 비명의 찬은 완산(完山) 이용원(李容元), 전액은 선원(仙源) 김상용(金尙容), 글씨는 동춘(同春) 송준길(宋浚吉)이 썼다. 모두 인조, 효종 때의 당상관들이다.
- 수은(樹隱)의 묘단 위쪽에는 고려 고종 때의 문신으로 정숙(貞肅)이라는 시호를 받은 명암(明庵) 김인경(金仁鏡)의 산소가 있다. 보한집(補閑集)을 쓴 최자(崔滋)는 명암(明庵) 김인경(金仁鏡)의 시문을 당대의 명문장으로 칭송하였다.
- 경두재(景杜齋)는 1950년에 복원하고, 1984년에 중수하였으며, 정면 7칸, 측면 3칸의 방형 평면에 팔작 지붕과 겹처마를 올렸고, 지붕의 네 귀에 활주를 세워 사래를 받들어 올린 큰 건물이다. 좌우측 기둥에 만수산광두문동천(萬壽山光杜門洞天)이라는 주련이 걸려있다. 앞뜰에는 또 하나의 신도비가 있는데, 이것이 원비(原碑)로써 비신에 금이 가고 낡았다.

경두재(景杜齋)

스물아홉. 대승재(大承齋)

숨은 굴 찾는 길에
첫 눈이 흩뿌리고

우람한 느티나무
푸름을 감초이나

올곧은 마음 지켜서
세 번 부름 견디다

---

1. 최양(崔瀁)
- 최양(崔瀁)은 1351년(충정왕 3년)에 태어나고 1424년(세종 6년)에 돌아가시다(74세).
- 최양(崔瀁)의 자는 백함(伯涵)이요, 호는 만육(晚六)이며, 본관은 전주(全州)이다. 고려말 충신이며 절개를 지킨 은사(隱士)이다. 두문동에 들어간 72명의 한 사람이다.
- 포은(圃隱) 정몽주(鄭夢周)보다 14살이나 많고 또 외삼촌이었으나 포은(圃隱)에게서 성리학을 배우고, 학문에 조금도 게으르지 않았다. 그래서 1379년에 소과에 세 번이나 장원하고, 30세(1380년) 봄에 드디어 대과에 장원으로 뽑혔다. 39세에 문하찬성사가 되었으며, 보문각 대제학, 이부상서 등 여러 관직을 거쳤다.
- 임신변혁 후에 완주군 소양면 남쪽 중대산에 들어가 숨어 살았다.

- 대승재(大承齋) : 고려말의 충신 최양(崔瀁)을 기리는 재실.
- 숨은 굴 : 최양(崔瀁)이 숨었다는 둔적굴(遯跡窟)을 말함. 소양면 팔공산에 있음.
- 참고자료 : 한가락 시조집 5권(1995년).

얼마 후에 조선 태조께서 온양에 행차하실 때, 세 번이나 부름을 받고, 평민 복장으로 참석하였으며, 군신의 예를 갖추지 않았다.

2. 자취
- 대승재(大承齋)는 전라북도 완주군 소양면 신원리에 있으며, ㄱ자 형으로 된 기와집이다.
- 신조정에서 사신을 보내어 만육(晚六)을 찾으려 하니, 만육(晚六)은 사신이 올 때마다 산속에 있는 굴속에서 생활하였으니, 그 곳을 팔공산 둔적굴이라 한다. 둔적굴 벽에는 만육최양선생둔적소(晚六崔瀁先生遯跡所)라는 글씨가 새겨져 있다.
- 진안군 백운면 반송리 반계천변에 만육공둔적유허비(晚六公遯跡遺墟碑)와 느티나무 4그루가 있다.
- 한시(漢詩) 2수가 전하고 있다.

대승재(大承齋)

서른. 정모재(靖慕齋)

비오다 날 개이니
해 맑아 푸른 하늘

도롱이 벗어 두고
잉어 못 가려는데

반가운 벗들 찾는다
그물 고기 뛰논다

---

1. 김승길(金承吉)
• 김승길(金承吉)은 태어나고 돌아가신 때를 알지 못하며, 고려말의 절의 충신(節義忠臣)으로 두문동(杜門洞)에 들어간 72명의 한 사람이다.
• 호는 사은(沙隱)이고, 본관은 광산(光山)이다. 벼슬은 함종현령이었고, 정포은(정몽주) 등과 도의로 사귀었다. 고려가 망하자, 임선미, 조의생, 맹유 등과 더불어 두문동(杜門洞) 화염(火焰)속으로 들어 갔다고 한다.
• 아들은 김오행(金五行)인데, 벼슬은 군기시정이었고, 호는 매은(梅隱)이며, 김오행(金五行)이 고려가 망하자, 장사(지금의 고창)으로 내려와, 궁산속 매산에 은둔하였으며, 광산 김씨가 이곳에 거주하게 되는 시작이 된다.

• 정모재(靖慕齋) : 고려말의 절의 충신 김승길(金承吉)을 기리는 재실.
• 참고자료 : 한가락 시조집 6권(1996년).

2. 자취

- 정모재(靖慕齋)는 전라북도 고창군 대산면 매산리에 있으며, 김승길(金承吉)의 아들 김오행(金五行)이 벼슬을 버리고 이곳에 은둔하면서, 아버지의 정신을 추모하여 지은 집이다.
- 본래 이곳은 화동서원(華東書院)인데, 모두 여섯 채의 집이 있다. 정모재(靖慕齋), 존심재(存心齋), 진수당(進修堂), 양성당(養性堂), 명성재(明誠齋), 치경재(致敬齋)가 있으며, 대나무와 소나무를 잘 가꾸었고, 큰 은행나무가 좌우에 한 그루씩 서 있다.
- 매은(梅隱) 김오행(金五行)이 돌아가시어 산소를 파는데, 물이 고인 바위 밑에서 잉어 세 마리가 뛰쳐 나와 산소는 다른 곳으로 옮기고, 그곳에 큰 연못을 파서 이름을 이어소(鯉魚沼)라 하니, 광산 김씨가 번성하는 이유가 된다.
- 정모재(靖慕齋) 팔경(八景)이 있다고 한다.

  구황의 상서로운 해, 고산의 폭포, 비천의 고기 잡는 횃불, 장포의 저녁 연기, 매산의 밝은 꽃, 이어소(鯉魚沼)의 뛰는 고기, 장사의 내려앉는 기러기, 발산의 새벽 종소리.

정모재(靖慕齋)

서른하나. 숭덕재(崇德齋)

보일라 들킬세라
품어 온 난(蘭)꽃내음

겨운 듯 기지개로
살며시 울을 넘어

두류뫼 봉우리 보며
띠 여울골 머물다

---

1. 진우란(晉于蘭)
 • 진우란(晉于蘭)은 1342년(충혜왕 복위 1년)에 태어나고 1401년(조선 태종 1년)에 돌아가시다.(60세) 고려말 유신으로 두문동에 들어간 72 명의 한 사람이며, 절의충신(節義忠臣)이다.
 • 진우란(晉于蘭)의 자(字)는 평국(平國)이며, 호는 월당(月堂)이고, 본관은 남원(南原)이다.
 • 일찍이 문과에 올라 공민왕 때에 한림원 집현전 학사(翰林院 集賢殿 學士)를 역임했고 임신변혁에 당하여 신순(申珣), 고천상(高天祥) 등과 더불어 두문동(杜門洞)에 들어갔다가, 얼마 후에 낙향하여 두류산 자락에 은둔하면서 고려의 망함을 애통해 하였다.
 • 매달 초하루와 보름에 높은 곳에 올라 송악을 향하여 재배하였더니, 사람들이 그 봉우리를 망경봉(望京峰)이라 불렀다.

 • 숭덕재(崇德齋) : 고려말의 절의 충신 진우란(晉于蘭)을 기리는 재실.
 • 두류뫼 : 지금의 지리산의 또 다른 이름.
 • 참고자료 : 한가락 시조집 6권(1996년).

2. 자취

• 숭덕재(崇德齋)는 전라북도 남원시 대강면 방동리에 있는데, 진우란(晉于蘭)을 추모하는 곳이다.

• 진우란(晉于蘭)의 장남 안로(安老)는 아버지의 뜻에 따라 지당촌에 은거하였고, 차남 호로(虎老)는 문덕봉 아래 시전동에 은거하니, 사람들이 두 사람을 가리켜 두문동 망송당(杜門洞 望松堂)이라 불렀다.

• 산소는 방동리의 산에 있으며, 비석의 이수는 고려의 제도를 따르고 있다.

숭덕재(崇德齋)

서른둘. 삼송재(三松齋)

울타리　굳게 하고
가꾸던　세 소나무

비바람　불어와도
푸르름　가득하여

한 마리　하얀 사슴이
봄 내음에　겨웁다

---

1. 박의중(朴宜中)
- 박의중(朴宜中)은 1337년(충숙왕 복위 6년)에 태어나고 1403년(조선 태종 3년)에 돌아가시다.
- 박의중(朴宜中)의 자(字)는 자허(子虛)이고, 호는 정재(貞齋)이며, 본관은 밀양(密陽)이다.
- 1362년(공민왕 11년)에 과거시험에 장원급제하여 전의직장(典儀直長)을 받고 헌납, 사예(司藝) 등 직책을 거치고, 향리에 물러났는데, 척약재(惕若齋)등의 상소로 문하사인(門下舍人)에 등용되어 좌사의(左司議), 대사성(大司成)을 지내다가 밀직제학(密直提學)을 임명받았다.
- 후배들의 방탕함을 걱정하여 술을 삼가라는 계주서(誡酒書)를 만들었고, 명나라에서 우리 땅 철령위(鐵領衛)를 뺏으려 하자, 국서(國書)를 품고 중국에 가서 황제와 담판하여 우리 땅을 되찾았다.

- 삼송재(三松齋) : 고려말의 충신 박의중(朴宜中)을 기리는 재실.
- 참고자료 : 한가락 시조집 6권(1996년).

• 공민왕이 도선참설(道先讖說)을 묻자, 술수로 나라를 다스릴 수는 없다고 대답하였고, 임신변혁에 벼슬을 버리고 포은(圃隱), 목은(牧隱)과 사귀면서 말대신 흰 사슴을 타고 다녔다고 한다.

2. 자취
• 삼송재(三松齋)는 전라북도 김제시 상동동 삼수촌에 있으며, 박의중(朴宜中)의 절개를 추모하는 곳이다. 대문에는 경청문(景淸門)이라는 현판이 걸려 있다. 재실 뒤에 가족묘가 있는데, 박의중(朴宜中)의 산소가 보존되었다.
• 박의중(朴宜中)이 타고 다니던 흰사슴을 녹마(鹿馬)라고 불렀는데, 박의중(朴宜中)이 세상을 떠나자 주인의 무덤앞에서 울다가 죽었다고 하여, 사슴을 장사지내고, 무덤을 녹총(鹿冢)이라고 불렀다. 또한 동네를 녹각동(鹿角洞)이라 했고, 사슴을 타고 건너던 다리 이름을 녹교(鹿橋)라 했다.
• 삼송(三松)이라는 이름은 세 그루의 반송을 심었는데, 백 년이 넘도록 서로 어울리며 잘 자랐다고 해서 부르는 이름이다.

삼송재(三松齋)

서른셋. 계경재(繼敬齋)

크도다 그 뜻이여
다지는 올곧은 길

세 아우 손 맞잡고
굳세게 지켰더니

지금은 솔숲에 싸여
넉넉하게 솟는다

1. 김세영(金世英)
- 김세영(金世英)은 태어나고 돌아가신 때를 알지 못하며 고려말 절의 충신(節義忠臣)으로 지조를 지킨 사람이다.
- 김세영(金世英)은 별호를 소윤(少尹)으로 쓰고 본관은 부안(扶安)이다.
- 고려말에 소윤(少尹) 벼슬을 지냈으며, 고려가 망하자 세 명의 아우와 함께 부령(扶寧)-지금의 부안(扶安)-에 은거하면서 지조를 굳게 지켰다.

2. 자취
- 계경재(繼敬齋)는 전라북도 부안군 부안읍 연곡리에 있으며, 김세영(金世英)을 추모하는 곳이다. 정면 5칸, 측면 2칸의 넓다란 건물과 잘 정돈된 정원, 그리고 솟을대문이 우뚝하다.

- 계경재(繼敬齋) : 고려말의 절의 충신 김세영(金世英)을 기리는 재실.
- 참고자료 : 한가락 시조집 6권(1996년).

• 산소는 석동산(席洞山) 자락에 있으며, 문신상, 양상, 망주석 등 석물이 잘 놓여 있다. 기타의 유적은 기록이 없어서 살펴 볼 수 없다.

계경재(繼敬齋)

서른넷. 시사재(時思齋)

하이얀 해오라비
푸름에 물들었나

솔뫼 터 그리면서
나는 듯 머무는 듯

옛 뜻을 다지는 마당
굽어 보는 소나무

1. 진여란(晉如蘭)
• 진여란(晉如蘭)은 1338년(고려충숙왕복위 7년)에 태어나고 1400년(조선건국 9년)에 돌아가시다(63세).
• 진여란(晉如蘭)의 자는 윤국(允國)이며, 호는 창남재(昌南齋)이고, 본관은 남원(南原)이다. 고려말의 절의충신(節義忠臣)이며 청렴한 은사(隱士)이다.
• 공민왕 때 벼슬에 나아가 여러 벼슬을 거쳐, 진원감무(珍原監務)를 역임하고, 임신변혁에 아우되는 월당(月堂) 진우란(晉于蘭)과 함께 지리산 아래에 은거하였다.
• 영민하고 효성이 지극하였다. 고려가 망하자, 방장산(方丈山) 아래에 은둔하면서 송도(松都)를 그리며 눈물을 흘렸다고 한다.

• 시사재(時思齋) : 고려말의 절의 충신 진여란(晉如蘭)을 기리는 재실.
• 참고자료 : 한가락 시조집 7권(1997년).

2. 자취

- 시사재(時思齋)는 전라북도 남원군 주생면 지당리에 있으며, 진여란(晉如蘭)을 추모하는 곳이다. 정면 4칸, 측면 2칸으로 단정하게 건립되었고, 좌우에 방을 만들고 가운데는 마루청으로 만들었다.
- 산소는 남원군 대산면 풍촌리 율정 동쪽 언덕에 있다. 묘비의 이수는 물론 분묘제도가 고려의 제도를 따르고 있으며, 보존상태는 양호하다.
- 진여란(晉如蘭)이 지었다는 한시(漢詩)가 전해지는데, 그 분의 절개를 엿볼 수 있다.

蓼川流去遠	마름내 멀리멀리 흐르고
只有白鷗飛	오직 하얀 갈매기 한가롭다
幽處無人見	그윽한 곳에 인적은 없는데
松風向我微	솔바람만 날보고 속삭이네

시사재(時思齋)

서른다섯. 풍욕루(風浴樓)

다시 와 지킨 자리
바알간 설움인가

수줍은 동백 꽃잎
봄자락 물들일 때

바람이 설렁 불어와
하이얀 벚 깨운다

1. 성부(成溥)
• 성부(成溥)의 태어나고 돌아가신 때를 잘 알지 못한다. 고려말의 절의 충신(節義忠臣)이며, 부조현(不朝峴)을 넘어 두문동(杜門洞)에 들어간 72명의 한 사람이고, 절개를 지킨 은사(隱士)이다.
• 성부(成溥)의 호는 미산(眉山)이며, 본관은 창녕(昌寧)이다.
• 대대로 주문(朱門)의 집안으로 1383년(우왕 9년)에 벼슬에 올라 형부총랑(刑部摠郞)을 역임하였다.
• 임신변혁(壬申變革)에 양주(楊州) 서산(西山)으로 들어가 두문불출(杜門不出)하였으며, 송산(松山) 조견(趙狷), 사천(沙川) 남을진(南乙珍)과 더불어 유양 삼은(維楊 三隱)이라 칭하였다.

• 풍욕루(風浴樓) : 고려말의 충신 성부(成溥)를 기리는 정자.
• 참고자료 : 한가락 시조집 9권(1999년).

2. 자취

- 풍욕루(風浴樓)는 전라북도 고창군 해리면 송산리에 있으며, 성부(成溥)를 기리는 곳이다. 해리면 버스 정류장에서 5분 거리에 있으며 입구에는 송양사(松陽祠)라는 현판이 걸려있고, 풍욕루(風浴樓)가 있다. 입구에는 커다란 벚나무가 두 그루 있고, 누각(樓閣) 대문을 지나면 경현당(敬賢堂)과 정원이 잘 가꾸어져 있다. 우측에 작은 집인 명성재(明誠齋)가 있다.
- 산소는 없고, 단(壇)을 모셨는데, 두문동(杜門洞)에서 돌아가셨기 때문이다.
- 양주(楊州) 서산(西山)에 있을 때, 뒷 산에 올라 송악(松嶽)을 바라보며 통곡하였다는 자취가 망원사(望遠寺)터에 남아 있다.

풍욕루(風浴樓)

전라남도·광주 편

용호재(龍湖齋)
영모정(永慕亭)
재동서원(齋洞書院)
독수정(獨守亭)
송월사(松月祠)

범세동(范世東)
임탁(林卓)
송간(宋侃)
전신민(全新民)
임선미(林先味)

서른여섯. 용호재(龍湖齋)

글로써 다진 뿌리
빛고을 미르 되어

지난 날 새기면서
새 앞 길 비추는데

오월의 모듬 소리가
들리는 듯 들릴 듯

1. 범세동(范世東)
• 범세동(范世東)의 태어나고 돌아가신 때는 알지 못한다. 고려말 절의 충신(節義忠臣)이며, 두문동(杜門洞)에 들어간 72명의 한 사람이요, 역사가였다.
• 범세동(范世東)의 자는 여명(汝明)이고 호는 복애(伏崖), 또는 휴애거사(休崖居士)이며, 본관은 금성(錦城)이다. 증조할아버지 범승조(范承祖)가 중국에서 건너와 지금의 광산구 덕림동에 살면서 금성(錦城) 범(范)씨의 시조가 된다.
• 일찍이 포은(圃隱) 정몽주(鄭夢周)에게서 성리학을 배우고 고려말의 어지러운 세상을 바로 잡기 위하여 학문을 정리하고 역사를 기록하였다.

• 용호재(龍湖齋) : 고려말 절의 충신, 역사가 범세동(范世東)을 기리는 재실.
• 빛고을 : 광주(光州)를 우리말로 풀어 쓴 단어.
• 미르 : 용(龍)을 우리말로 쓰는 단어.
• 모듬 소리 : 함성(喊聲)을 우리말로 풀어 쓴 단어. 광주 항쟁을 나타내는 말.
• 참고자료 : 한가락 시조집 8권(1998년).

• 공민왕 18년 최양(崔瀁), 유백유(柳伯濡), 민유의(閔由宜), 어일(魚逸) 등과 함께 문과에 올라, 벼슬이 덕녕부윤(德寧府尹)에서 간의대부(諫議大夫)에 올랐다. 후에 고려의 운이 다하자, 두문동(杜門洞)에 들어갔다가 다시 남쪽 나주의 복암에 은둔하였다.

2. 자취

• 용호재(龍湖齋)는 광주광역시 북구 생룡동에 있으며, 범세동(范世東)을 추모하는 곳이다. 정면 4칸 측면 2칸으로 양쪽에 방을 만들었으며, 단청이 잘 되어 있다.
• 범세동은 역사가로 많은 책을 저술하였다. 원운곡(元耘谷), 서죽송오(徐竹松烏), 탁죽정(卓竹亭)과 함께 유학의 계보를 작성하여 동방 사문연원록(東方斯文淵源錄)을 썼고, 다시 원운곡(元耘谷)과 함께 고려말 역사의 단면을 직접 서술한 화해사전(華海師全)을 썼고, 그 밖에 화동인물총기(話東人物叢記), 북부여기(北夫餘記), 가섭원부여기(迦葉原夫餘記)를 저술하였다. 그리고 목은(牧隱) 이색(李穡)과 함께 천부경(天符經)을 주해하였다.
• 산소는 광주광역시 광산구 덕림동 칠봉산 아래에 있으며, 혼유대와 두 개의 비석이 있고, 비석은 옛모습을 그대로 유지하고 있다.

용호재(龍湖齋)

서른일곱. 영모정(永慕亭)

가 없는 섬김이라
오로지 하나로다

내음 솔 느티 다락
겨웁는 춤 사위에

새로이 부르는 이름
가람 되어 흐르다

1. 임탁(林卓)
• 임탁(林卓)은 생몰연대를 알지 못한다. 고려말의 절의충신(節義忠臣)이며, 부조현(不朝峴)을 넘어 두문동(杜門洞)에 들어간 72명의 한 사람이다.
• 임탁(林卓)의 본관은 나주(羅州)이고 별호는 해주감무(海州監務)를 역임하여서 감무공(監務公)이라고 일컫는다. 1997년 한가락 시조모임에서 금은공(錦隱公)이라는 호를 올렸다.
• 어려서부터 효성이 뛰어나고 벼슬에 임하여 청렴하게 행동하였다. 해주감무(海州監務)를 거쳐 소윤(少尹)에 올랐으나, 임신변혁(壬申變革)에 두문동(杜門洞)에 들어갔다가, 운곡(耘谷) 원천석(元天錫) 등과 함께 치악산 단사(壇祀)에 참여하였다.
• 승국명류표방록(勝國名流標榜錄)에 고려말의 충신(忠臣) 십열(十烈)이 있으니, 조승숙(趙承肅), 이종학(李種學), 임탁(林卓), 조기(趙琪), 안종납(安從納), 변구수(邊龜壽), 원선(元宣), 허금(許錦), 엄태사(嚴太師), 장태사(張太師) 등이다.

• 영모정(永慕亭) : 고려말의 충신 임탁(林卓)을 기리는 재실.
• 가 : 끝. 가장자리라는 우리말 단어.
• 내음 솔 : 향나무를 우리말로 풀어 쓴 단어.
• 참고자료 : 한가락 시조집 8권(1998년).

2. 자취

- 영모정(永慕亭)는 전라남도 나주시 다시면 회진리에 있으며, 후손들이 지은 곳이다. 산소는 나주시 문평면 임을산(또는 금산)을 바라보는 세장산(또는 신걸산)에 있으며, 여기에 임탁(林卓)의 재실 영유재가 있다.
- 백호(白湖) 임제(林悌)의 기념관이 있어서 자료의 보관이 매우 좋다. 임제(林悌)는 임탁(林卓)의 운손(雲孫)으로 조선조의 유명한 시인이요, 문장가로, 이이, 허봉, 양사언 등과 교류하였다. 유작으로는 3편의 한문소설과 3수의 시조가 전해온다. 임종에 식구들에게 깨우치는 글을 남겼으니 우리 모두에게 교훈을 주는 글이다. 임제(林悌)는 황진이를 회상하면서 쓴 시조와, 기생 한우(寒雨)와 화답하는 시조 등 4수가 전하고 있다.

　臨終戒妻子勿哭詞 (臨終戒妻子勿哭詞비가 기념관에 있음)
　　四夷八蠻皆爲帝國　獨朝鮮不能自立　入主中國　吾生何爲也　吾死何恨也
　　(네 이족과 여덟 만족이 모두 제국을 세웠는데, 홀로 조선만이 스스로 서지를 못하고 중국을 주인으로 섬기니, 내가 살아서 무엇을 할 것이며, 또한 죽는 것이 무엇이 가슴 아플 것이냐)

- 나주에 완사천(浣紗泉)이 있으니, 옛날 왕건 태조가 전투 중에 이곳에서 오씨부인에게 물을 얻어 마셨는데, 장화왕후 오씨 유허비(壯和王后吳氏遺墟碑)를 세워 기념한다. 오씨부인은 2대 임금 혜종의 모후가 된다.
- 한가락 시조모임에서 임탁(林卓)에게 금은(錦隱)이라는 아호를 올렸는데, 아호를 올리는 것을 고유제라 한다. 시조에서 새로이 부르는 이름이라는 구절은 금은공(錦隱公)이라는 호(號)를 지어주는 고유제(告由祭)를 뜻한다.

영모정(永慕亭)

서른여덟. 재동서원(齋洞書院)

술로써 달래어도
슬픔은 사무쳐서

마골의 울음소리
머루로 엉글더니

푸르른 가슴 가슴을
자랑으로 묶는다

1. 송간(宋侃)
• 송간(宋侃)의 태어나고 돌아가신 때를 알지 못한다. 조선조 초기에 살면서 단종폐위에 벼슬의 허무함을 깨닫고 은거하면서 지낸 충직한 신하요, 절개있는 선비였다.
• 송간(宋侃)의 호는 서재(西齋)이고, 본관은 여산(礪山)이다.
• 송간(宋侃)은 단종 3년에 벼슬이 가선대부(嘉善大夫)에 올랐으며, 단종의 명을 받아 팔도진무사(八道鎭撫士)로 호남지방을 순무(巡撫)하였는데, 때에 단종이 영월로 쫓겨가게 되었다. 그래서 영월까지 가서 임무를 보고하였다고 한다. 그리고 10여 년을 미친 사람 행세를 하면서 살았다고 한다. 그 때에 화산의 서쪽에서 살았다고 하여 호가 서재(西齋)라고 불리어졌다.

• 재동서원(齋洞書院) : 조선조 단종 때의 충신 송간(宋侃)을 기리는 서원.
• 마골 : 남쪽 마을이라는 우리말 단어.
• 참고자료 : 한가락 시조집 9권(1999년).

2. 자취

• 재동서원(齋洞書院)은 전라남도 고흥군 대서면 화산리에 있으며 송간(宋侃)을 추모하는 곳이다.

• 재동서원(齋洞書院)은 여섯 채의 가옥으로 이루어졌으며, 가운데 위패를 모신 사당이 있고, 11분의 위패를 모시고 있다.

• 산소는 낙안군(樂安郡) 미원리(薇院里)에 있으며, 입구 비석에는 여산송씨천(礪山宋氏阡)이라는 글이 있다. 산소 아래엔 영보재(永報齋)라는 재실이 있다. 또한 서산정(西山亭)이라는 정자가 있으니, 절개를 지키는 곳이라는 뜻이 있으며 송간(宋侃)의 자취에서 유래한 것이다. 그리고 이곳 지명이 서잿골이라 불리우는 것도 송간(宋侃)의 호에서 비롯된 것이다.

재동서원(齋洞書院)

서른아홉. 독수정(獨守亭)

칼 들고 지키려던
한 마음 무너지니

돌 뫼에 머물면서
닫았던 임의 빗장

가만히 열고 들어가
어울려 본 가락아

1. 전신민(全新民)
• 전신민(全新民)은 태어나고 돌아가신 때를 잘 알지 못한다. 고려말의 절의충신(節義忠臣)이며, 세상을 떠나서 은둔한 처사(處士)이다.
• 전신민(全新民)은 호가 서은(瑞隱)이고, 본관은 천안(天安)이다. 가계의 시조는 고려의 개국공신인 김락(金樂)인데, 이것은 전락(全樂)을 잘못 쓴 것이란다. 학자들이 밝혀야 할 부분이다.
• 전신민(全新民)은 대대로 고려조에서 장군으로 활약한 문중에서 태어났으며, 전신민(全新民)의 벼슬은 북도 안무사(北道按撫使) 겸 병마원수(兵馬元帥)를 거쳐 병부상서(兵部尙書)에 올랐다. 포은(圃隱)이 화를 당하자, 벼슬을 버리고 서석산(瑞石山, 지금의 광주 무등산을 말한다.)에 은둔하였다. 그리고 아침마다 고려의 조복을 입고 산에 올라 북향하여 송도(松都)를 향해 곡배(哭拜)하였다고 한다.

─────

• 독수정(獨守亭) : 고려말의 충신 전신민(全新民)을 기리는 정자.
• 돌뫼 : 서석산(瑞石山)을 우리 말로 바꾸어 본 단어.
• 참고자료 : 한가락 시조집 2권(1992년).

2. 자취

- 독수정(獨守亭)은 전라남도 담양군 남면 연천리에 있으며, 전신민(全新民)이 세운 정자이다. 정면 3칸, 측면 3칸의 정방형으로 팔작기와지붕으로 되어 있다. 기초석 위에 나무 기둥을 세웠고, 마루를 쪽마루로 만들었다. 땅과 약간의 공간을 두었으며, 마루 가운데에 작은 방을 마련하였다. 정자의 현판이 있으며, 정자 주위에 있는 잣나무는 담양군에서 원림(園林)으로 지정하여 관리하고 있다.
- 근처 금산(金山)에는 전신민(全新民)의 산소가 보존되고 있다. 선비석과 상석 등은 최근에 다시 마련한 것이다.
- 전(全)씨 문중에는 전신민(全新民)의 산소에 성묘를 하고 소나무 가지를 꺾어서 산소에 놓고 가는 풍습이 있다. 이것은 전신민(全新民)에게서 비롯된 풍습이란다. 전신민(全新民)은 형제가 있었는데, 선친의 산소에서 각각 백 리씩 떨어져 살아서 성묘를 함께 하는 약속을 지키기가 어렵고, 또 기다리는 것도 어려워서 먼저 성묘한 사람이 소나무 가지를 꺾어서 산소에 놓고 간 사실에서 유래한 것이라고 한다.
- 독수정(獨守亭)이라는 이름은 이태백의 시 구절에서 유래되었다고 한다.

이제시하인(夷齊是何人)　　독수서산아(獨守西山餓)

독수정(獨守亭)

마흔. 송월사(松月祠)

앞장 서 빗장 걸고
너릿재 넘었더니

뒤 따른 저 달무리
솔 숲에 머물다가

불길도 못사른 마음
다독이며 반긴다

1. 임선미(林先味)
* 임선미(林先味)는 1337년(충숙왕 복위 6년)에 태어났으며, 돌아가신 때는 알지 못한다. 고려말의 절의충신(節義忠臣)이며, 부조현(不朝峴)을 넘어 두문동(杜門洞)에 들어간 72명의 한 사람이고, 절개를 지킨 은사(隱士)이며, 두문동(杜門洞)에서 돌아가셨다.
* 임선미(林先味)의 자는 양대(養大)이며, 호는 두문재(杜門齋), 또는 휴암(休庵)이고, 본관은 평택(平澤)이다. 약관의 나이에 성균관에서 공부하여 학문이 알차고 정밀하였으며, 석성린(石成磷), 조의생(曺義生), 홍중선(洪仲宣) 등과 사귀었고, 박상충(朴尙衷)과는 도의를 강론하였다.
* 벼슬이 낭(郞)이 되었는데 내어놓고, 태학(太學)에 들어갔으며, 임신변혁(壬申變革)에 개성 오정문(午正門) 밖 산골에 숨었으니, 함께 한 사람들이 70여 명이 넘었다. 이에 신조정에서 과거를 설치하여 나오기를 청하니, 산골에 숨은 모든 사람들이 경덕궁(敬德宮) 앞 고개를 넘으면서 옷과 모자를 벗어 나무에 걸고, 만수산(萬壽山) 두문동(杜門洞)으로 들어갔으

---
* 송월사(松月祠) : 고려말의 충신 임선미(林先味)를 기리는 사당.
* 빗장 걸고 : 호가 두문재(杜門齋)여서 우리말로 풀어쓴 단어.
* 너릿재 : 광주에서 화순으로 가는 고갯길의 이름.
* 참고자료 : 한가락 시조집 9권(1999년).

니, 여기에서 두문동(杜門洞) 72명이라는 말이 생긴 것이다. 모자를 걸은 곳을 괘관현(掛冠峴)이라 하고, 넘어간 고개를 부조현(不朝峴)이라 한다. 만수산(萬壽山) 두문동(杜門洞)은 개성 서쪽에 있다. 두문동(杜門洞)에서 참변을 당한 사람 중에 이름이 알려진 사람은 조의생(曺義生), 맹호성(孟浩誠), 임선미(林先味)이며, 삼절(三節)이라고 한다.

2. 자취

• 전라남도 화순군 화순읍 안에 있는 송월사(松月祠)는, 송도(松都)의 달이 여기에 비친다는 뜻이고, 임선미(林先味)를 추모하는 곳이다. 정면 3칸, 측면 2칸으로 되어 있다. 산소는 전하지 않고 방분(方墳) 모양의 단을 설치하였다. 송월사(松月祠)는 임씨 문중의 재실인 담락재(湛樂齋) 뒤에 있고, 정문에는 신진문(愼進門)의 현판이 있고, 입구에 묘정비(廟庭碑)가 있어서 송월사(松月祠)의 내력을 적었다.

• 1392년 임신변혁(壬申變革)에 고려의 유신(遺臣)들이 두문동(杜門洞)에 은둔하니 조선 경종 때까지 두문동(杜門洞)을 폐고(廢錮)시켰다가, 1740년(영조 16년) 개성 유수 김약로에게 고려충신부조현(高麗忠臣不朝峴)이라 표석을 세우게 하였고, 1783년 정조께서 개성 서쪽에 사우를 세우고, 표절(表節)이라는 액호(額毫)를 내렸다. 1868년 서원 철폐령에 훼손되었다가, 1934년 자손들과 개성 유림들이 두문동서원(杜門洞書院)을 세웠다. 그 후 남북분단으로 왕래할 수 없어서 임선미(林先味)의 단을 1978년에 설단하고 송월사(松月祠)를 세워서 배향하였다.

송월사(松月祠)

경상북도·대구 편

채미정(採薇亭)	길재(吉再)
월암정(月巖亭)	김주(金澍)
반구정(伴鷗亭)	권정(權定)
화수정(花樹亭)	구홍(具鴻)
세천정(洗川亭)	오국화(吳國華)
용포재(龍浦齋)	신우(申祐)
성인정(成仁亭)	박가권(朴可權)
영모재(永慕齋)	현옥량(玄玉亮)
효사암(孝思菴)	배상지(裵尙志)
경의재(景義齋)	심원부(沈元符)
모선정(慕先亭)	박익(朴翊)
홍일묘(紅日廟)	김제(金濟)
퇴은정(退隱亭)	이억(李嶷)
백송재(白松齋)	안준(安俊)
개운재(開雲齋)	김선치(金先致)
첨모재(瞻慕齋)	김구정(金九鼎)
직산재(直山齋)	임즐(林騭)

마흔하나. 채미정(採薇亭)

금오산 그 터에다
정성껏 얽은 들보

울 옆에 대 심은 뜻
옛 임을 기림인데

제 모습 보지 못하고
고사리만 외친다

1. 길재(吉再)
* 길재(吉再)는 1353년(고려 공민왕 2년)에 나고 1419년(세종 1년)에 세상을 떠나다(67세).
* 자는 재보(再父), 호는 야은(冶隱), 또는 금오산인(金烏山人)이다. 본관은 해평(海平)이며, 시호(諡號)는 충절(忠節)이다.
* 고려 말의 학자요, 충신이며, 은사(隱士)로, 덕망이 높아서 고려의 정신적 기둥이 되며 고려 말 삼은(三隱)으로 불린다. (목은, 포은, 야은)
* 어릴 때에는 상산 박분(朴賁)에게서 배우고, 성인이 되어 개성으로 올라가 이색(李穡), 정몽주(鄭夢周), 권근(權近)에게 성리학을 배우고, 자기의 학문을 강호의 김숙자(金叔滋)에게 전하니, 김종직(金宗直), 김굉필(金宏弼), 조광조(趙光祖)로 이어지는 영남학파의 기틀이 된다.
* 여흥왕 9년에 사마시험에 합격하고 3년 뒤에 과거에 올라 문하주서

---

* 채미정(採薇亭) : 야은(冶隱) 길재(吉再)를 기리는 정자. 길재(吉再)는 고려말의 충신이며 학자이다.
* 고사리 : 우리나라에서 충신을 이야기 할 때, 더 훌륭한 사람들이 있는데도 중국의 백이숙제(伯夷叔齊)만을 들먹이는 것을 빗대어 한 말임.
* 산소 : 경상북도 구미시 오태동(금오산 남쪽 기슭, 옛날은 오포언덕임).
* 참고자료 : 한가락 시조집 1권(1991년).

(門下注書)가 되었으나, 어머님 봉양을 핑계로 낙향하여 몸소 농사일을 하였다. 여흥왕의 부음을 듣고 3년상을 치루었으며, 두 임금을 섬길 수 없다는 절개로 신조정에 출사하지 않았다.

2. 자취

• 영조 44년 금오서원(金烏書院)을 세워 야은(冶隱)을 배향(配享)하다가, 서원을 선산으로 옮기고, 순조 28년에 영남의 선비들이 채미정(採薇亭)을 세워 야은(冶隱)의 정신을 기린다. 지금의 경상북도 구미시 남통동 금오산 입구 채미정(採薇亭) 내에 있는 경모각(敬慕閣)에는 야은(冶隱)의 영정이 있고, 숙종대왕의 친필이 보관되어 있다.

• 구미시 오태동에 있는 길재(吉再)의 산소 가는 길에 지주중류(砥柱中流)라는 비석이 있는데, 서애(西涯) 유성룡(柳成龍)이 쓴 비석 글씨와 중국 양천천의 해서체 음각 글씨가 있다. 지주(砥柱)는 중국 황하강 안에 있는 산이름으로 거센 물결을 이겨내고 변함이 없다는 것이다.

• 길재(吉再)의 위패는 선산의 금오서원(金烏書院), 금산의 성곡서원(星谷書院), 인동의 오산서원(吳山書院)에 배향(配享)되어 있다.

• 야은(冶隱)은 시고(詩藁)가 많은데 특히 2수의 시조가 전한다.

    회고가(懷古歌)
    오백년 도읍지를 필마로 돌아드니
    산천은 의구한데 인걸은 간 곳 없네
    어즈버 태평연월이 꿈이런가 하노라

채미정(採薇亭)

마흔둘. 월암정(月嚴亭)

끈 풀고　신발 벗어
몸 대신　보내 놓고

바위를　쪽배 삼아
달빛에　떠도는데

오늘은　날이 흐렸나
눈물 젖는　달이여

1. 김주(金澍)
- 김주(金澍)는 태어나고 세상을 떠난 연대는 미상이며, 다만 12월 22일을 기일로 정하여 제사를 받들고 있으며, 선산부 구죽산 밑에서 태어났으니 지금의 옥성면 주아리 도화정이다.
- 자는 택부(澤夫)이며, 호는 농암(籠巖)이고, 본관은 선산(善山)이다.
- 1392년(공양왕 4년) 하절사로 명나라에 갔다가 조선 개국의 소식을 듣고 조복(朝服)과 신을 동행한 서장관(書狀官) 강위에게 절구(節句)와 함께 보내고 중국의 형초(荊楚)에서 여생을 살았다고 한다.
- 고려에 대한 변함없는 충절(忠節)과 강인한 의지가 후세의 모범이 된다.
- 글과 옷을 보낸 12월 22일을 기일로 삼는데, 형되는 백암(白巖) 김제(金濟)가 평해군사(平海郡事)로 있다가 임신변혁의 소식을 듣고 같은 해에 동해로 들어가 절명하였으니, 또한 그 날이 12월 22일이었다. 그래서 형과 아우의 기일이 같게 된 것이다.

- 월암정(月嚴亭) : 고려말의 충신 김주(金澍)를 기리는 정자.
- 참고자료 : 한가락 시조집 2권(1992년).

2. 자취

• 조선조 237년에 후손들이 월암서원(月巖書院)을 세우고 내격묘(內格廟)라는 사당을 세워 제사를 모셨는데 고종 5년에 월암정(月巖亭)만을 다시 세웠으며, 정자 현판을 한석봉이 썼다는데 분실되었다. 지금의 경상북도 선산군 도개면 월림 2리에 있는 월암정(月巖亭)터에는 서원의 주춧돌만이 남아있고 그 때 사용한 기와가 아직도 묻혀있다.
• 문중에 쌍절록(雙節錄), 농암선생실록(籠巖先生實錄), 둔형록(遯荊錄), 삼인록(三仁錄) 등의 자료가 있으며, 농암일고(籠巖逸藁) 1권이 저서로 전한다.
• 전라북도 고창군 운곡서원에 백암과 농암을 함께 배향(配享)하였다.
• 산소와 종택은 선산군 도개면 궁기 2동에 있는데, 내격묘(內格廟)와 충렬당(忠烈堂), 신도비 등이 있고, 귀부는 숙종 때의 것이다.
• 서장관(書壯官) 강위에게 남겨준 한시(漢詩) 절구(節句)

贈書狀官詩 (제목과 해석은 임의로 번역한 것임)
隴樹蒼蒼塞日昏　　언덕 나무는 푸르른데 변방의 날은 저물고
白山雲雪照離樽　　백두산 눈과 구름이 이별의 술잔에 비치네
君行莫恨天涯別　　그대는 떠나면서 이별을 한탄하지 말게나
我是歸人亦斷魂　　나도 그대를 보내며 혼이 끊어지는 듯하네

월암정(月巖亭)

마흔셋. 반구정(伴鷗亭)

갈매기 짝한다고
내 언제 그랬던가

옛 날로 돌이키려
다짐한 마음인데

살며시 바뀐 이름에
허둥대는 발걸음

1. 권정(權定)
- 권정(權定)은 태어나고 돌아가신 때를 알지 못한다. 고려말의 충신이며 고려의 망함을 보고 고려 회복을 위하여 의지를 지키다가 세상을 떠났다.
- 자는 안지(安之)이며, 호는 사복재(思復齋)이고, 본관은 안동(安東)이다.
- 여흥왕 12년에 문과에 올라 괴산군사, 좌사간이 되었고, 강명청직(剛明淸直)한 직간 때문에 해를 입기도 한다. 임신 변혁후에 벼슬을 버리고 안동부 임하면 옥산 도목촌에 살았는데, 그 곳을 당시에는 기사리(棄仕里)라 불렀다. 벼슬을 버린 어진 사람이 사는 곳이라는 뜻이다.
- 호를 사복(思復)으로 한 것은 옛날로 회복시키는데 생각을 변치 아니하겠다는 것이며, 정자 이름을 반구(返舊)라고 한 것은, 고려로 돌아가겠다는 마음이며, 봉송대(奉松臺)를 쌓은 것은 옛 서울인 개성을 잊지 아니하겠다는 뜻이었는데, 신조정의 탄압이 심하여 글자를 모두 바꾸었다고 한다.

- 반구정(伴鷗亭) : 고려말의 충신 권정(權定)을 기리는 정자, 원래 이름은 반구(返舊)였음.
- 참고자료 : 한가락 시조집 2권(1992년).

2. 자취

- 원래 반구정(伴鷗亭)은 사복재(思復齋)가 직접 지은 것으로 안동부 임하면 옥산 도목촌 세칭 기사리(棄仕里)에 있었는데, 후손들이 경상북도 영주시 구성산 구성공원으로 옮겼으며, 반구정 아래로 강이 흘렀는데, 1961년 대홍수로 강의 줄기가 매립되자, 당시 정부에서 직강공사를 하여 시가지로 편입되게 되었다.
- 지금의 반구정(伴鷗亭)은 갈매기를 짝하여 즐긴다는 뜻으로 바뀌었고, 봉송대(鳳松臺)는 봉황과 소나무가 어울리는 곳이라하여 신선이 노는 곳이라고 바뀌었다.
- 반구정은 정면 네 칸의 팔작 지붕으로 되었으며, 담은 시멘트로 되어 있고, 주변이 주택가로 변하여 옛 모습이나 정자의 한적한 모습을 찾기는 힘들다.

반구정(伴鷗亭)

마흔넷. 화수정(花樹亭)

사람이 남기는 것
깃발에 이름 몇 글

세 번을 찢고 찢어
모조리 되돌리니

높은 뜻 보이시려는
깊고 깊은 가르침

1. 구홍(具鴻)
• 구홍(具鴻)은 태어나고 운명하신 때는 알지 못한다. 고려말에 두문동에 들어간 72분의 한 사람으로 충절과 절개를 지킨 분이다.
• 처음 이름은 성두(成斗)이고, 호는 송은(松隱)이며, 시호는 문절(文節)이고, 본관은 능성(綾城)이다. 고려가 망하자, 이름을 홍(鴻)으로 바꾸었으니, 얼굴을 들고 사방을 살펴서 잘못을 없앤다는 뜻이며, 이름을 바꾸고 두문동에 들어갔다.
• 개성의 묵사동에서 태어났는데, 골상이 큼직하게 생겨 대인의 모습으로 나라의 기둥이 될 인상이었다고 하며, 공부에 힘써, 어린 나이에 과거에 오르고, 벼슬이 좌시중(左侍中)에 올랐고, 임금의 잘못과 사악한 세태의 학문을 타파하기 위하여 노력했다.
• 죽은 후에 관을 덮는 명정(銘旌)을 쓰는데, 신조정에서 내려준 명정(銘旌)이 세 번이나 찢어져서, 다시 고려 왕조의 벼슬이름으로 사용하였더니 뢰성과 벽력이 잠잠해졌다고 한다.

• 화수정(花樹亭) : 고려말의 충신 구홍(具鴻)을 기리는 정자.
• 참고자료 : 한가락 시조집 2권(1992년).

2. 자취

• 대구 광역시 북구 동변동에 있는 화수정(花樹亭)은 송은(松隱)의 후손들이 조상을 숭배하고 자손들의 우의(友誼)를 다지기 위하여 지은 정자이다. 정면 네 칸, 측면 두 칸의 팔작지붕으로 되었으며, 옛 모습을 찾기 힘들고, 화수정(花樹亭) 건물 뒤에 정면 두 칸, 측면 한 칸의 사당이 있어서 송은(松隱)의 제사를 받들고 있다.

• 산소는 개성 예성강 위의 의암동 동북쪽에 있다고 하나, 찾을 수는 없다.

화수정(花樹亭)

마흔다섯. 세천정(洗川亭)

귀 씻고 오른 다락
들리는 할아비 말

우리는 다른 이와
달라야 할 것이다

이곳에 새겨 둔다면
찾는 이가 있겠지

1. 오국화(吳國華)
- 오국화(吳國華)는 태어나고 돌아가신 때를 알지 못하며, 고려말의 충신(忠臣)이요, 은사(隱士)이다.
- 호는 금산(錦山)이요, 본관은 해주(海州)이다.
- 벼슬이 예의전서(禮儀典書)에 이르고, 후에 영남 안렴사로 있다가 고려가 망하자 문소(경북 의성의 옛 이름)의 금산(錦山)에 은둔하여 두 임금을 섬기지 않겠다는 절개를 굳게 지켰다.
- 포은(圃隱) 정몽주(鄭夢周)가 선죽교에서 살해되자 3일동안 통곡하고 인끈을 땅에 묻어 버리고 세상과의 왕래를 끊어버렸다고 한다.

2. 자취
- 경상북도 의성군 단촌면 세촌리에 있는 세천정(洗川亭)은 80여 년전에 세운 정자이며, 옛날 근처에는 녹야정(綠野亭)이 있었는데, 임진왜란

- 세천정(洗川亭) : 고려말의 충신 오국화(吳國華)를 기리는 정자.
- 참고자료 : 한가락 시조집 3권(1993년).

에 불탔으며, 녹야정(綠野亭)에 있는 책만 하루가 불탔다고 한다.
• 세천정(洗川亭) 앞에 세이천(洗耳川)이 흐르는데, 신조정에서 여러 벼슬로 조정에 나올 것을 청할 때마다 이 개천에 귀를 씻었다고 한다.
• 우곡서원(愚谷書院)이 근처에 있는데, 그 서원의 숭절사(崇節祠)에 배향(配享)하고 있다. 또한 신도비가 있는데 글씨에 붉은 색깔을 칠한 것이 인상적이다.

세천정(洗川亭)

마흔여섯. 용포재(龍浦齋)

어버이 섬김 듣고
술 담아 찾아드니

낯설어 붉은 사과
알알이 열린 옛 집

눈물로 키운 대나무
처마 끝을 넘보다

1. 신우(申祐)
• 신우(申祐)는 태어나고 돌아가신 때를 알지 못하며, 고려말 충신(忠臣)이요, 효자(孝子)였으며, 절개(節槪)를 굳게 지킨 사람이다.
• 호는 퇴재(退齋)이며, 본관은 아주(鵝州)이다.
• 효도와 청렴함으로 벼슬에 나아가 봉상대부 사헌부 장령에 올랐으며, 후에 전라 안렴사가 되어 백성들을 교화하고 탐관오리를 파면시켰다. 1344년(충혜왕 복위 5년) 신호위 보승섭호군에 제수되었다.
• 부친의 장례에 3년 여묘살이를 지성으로 하였더니, 눈물이 땅을 적시어 대나무 두 그루가 묘소 앞에 솟아났다고 하는데, 대나무는 전하지 않는다.

2. 자취
• 용포재(龍浦齋)는 경상북도 의성군 구천면 용사리에 있고, 위천을 건

• 용포재(龍浦齋) : 고려말의 충신이며 효자 신우(申祐)를 기리는 정자.
• 참고자료 : 한가락 시조집 4권(1994년).

너 망경산 자락에 있다. 정면 3칸, 측면 1칸에 툇마루가 달린 재실이며, 신우(申祐)를 추모하는 곳이다.
- 쌍죽(雙竹)이 솟아난 것을 조정에서 알고 정려문(旌閭門)을 세우고, 그 마을을 거여동(居蕙洞)이라 부르고, 또한 효자리(孝子里)라 칭하였으니, 고려사, 동국여지승람과 속삼강행실도에 기록되었다.
- 산소는 실전하여 없고 단(壇)을 모셨는데, 비석, 혼유대, 대신상, 망주석 등이 있으며, 무덤은 원형으로 되어있다.
- 정려각(旌閭閣)은 의성의 길목에 있으며, 주선동의 속수서원(涑水書院)에 신우(申祐)의 위패(位牌)가 모셔져 있다.

용포재(龍浦齋)

마흔일곱. 성인정(成仁亭)

잣나무　가꾸는 맘
푸르른　가야 되어

우람한　뫼봉우리
구름에　아득한데

지켜온　따스한 햇살
다락 뜰에　머물다

1. 박가권(朴可權)
• 박가권(朴可權)은 태어난 때는 알지 못하며, 1462년(세종 8년)에 세상을 떠난 사람이며, 고려말의 절의충신(節義忠臣)이며 은사(隱士)이다.
• 별호를 판윤공(判尹公)이라 하고 본관은 순천(順天)이다.
• 고려말에 판윤벼슬을 하다가 임신 변혁에 나라가 망함을 보고 두문동에 들어갔다가 다시 가야산 자락 성주(星州)에 은둔하면서 대나무와 잣나무를 심고 절개를 굽히지 않으니 마을 이름이 죽백리(竹栢里)가 되었다.
• 신조정의 회유책에 대하여 자손들에게 남긴 말이 있다.
　　我爲我主汝爲汝主
　　나는 나의 임금을 섬길 것이니 너희들은 너희 임금을 섬겨라.

• 성인정(成仁亭) : 고려말의 절의 충신 박가권(朴可權)을 기리는 정자.
• 가야 : 성주군의 가야산을 말함.
• 참고자료 : 한가락 시조집 6권(1996년).

2. 자취

• 성인정(成仁亭)은 경상북도 성주군 수륜면 수륜리에 있으며, 박가권(朴可權)의 정신을 추모하는 곳이다.

• 수륜면 소재지 근처에 한강서원이 있고, 합천 방향으로 10분 거리에 죽백마을(竹栢里)이 있고, 고려 판윤 박선생 청풍비(高麗判尹 朴先生淸風碑)가 입구에 우뚝 서 있다. 조상의 밝고 곧은 뜻을 기리기 위하여 후손들이 세웠다.

• 산소는 마을 뒤쪽에 있는데 문신상이나 망주석은 없어도 옛날부터 내려오는 비석이 아직도 모셔져 있으며, 호석도 돌무데미로 이루어져 있으며, 보존은 허술한 편이다.

성인정(成仁亭)

마흔여덟. 영모재(永慕齋)

푸르름 받들던 몸
달빛에 내맡기고

하이얀 모래 밭을
거닐던 설운 자국

물결이 어루만져서
곱게곱게 다진다

1. 현옥량(玄玉亮)
• 현옥량(玄玉亮)은 태어나고 돌아가신 때를 알지 못하며, 고려말 절의 충신(節義忠臣)으로 후학 지도와 풍류생활(風流生活)로 이름이 높다.
• 자는 채상(采相)이고, 호는 사월(沙月)이며, 본관은 연주(지금의 영변)이다.
• 어려서부터 대인의 풍모가 있었으며, 조송정(趙松亭)이 사위를 삼고, 현옥량(玄玉亮)도 조송정(趙松亭)을 스승으로 섬기며, 자기 수양에 힘쓰고 공부에 힘썼으며, 조말생, 배환, 배강, 윤상 등과 더불어 동문계를 맺고 잘 사귀며 학문을 북돋웠다.
• 1373년(공민왕 23년)에 전시문과에 합격하여 사관을 거쳐 판전의시사(判典義侍事)가 되었다.
• 고려의 운세가 소멸되자 벼슬을 버리고 후학지도에 힘썼으며, 절의

• 영모재(永慕齋) : 고려말의 충신 현옥량(玄玉亮)을 기리는 재실.
• 참고자료 : 한가락 시조집 6권(1996년).

(節義)를 지키며, 거문고, 책, 술로 회포를 풀면서, 강변의 달빛과 백사장을 즐겼던 까닭에 호를 사월(沙月)이라고 했고, 동네 이름도 여기에서 비롯된다.

2. 자취

- 영모재(永慕齋)는 경상북도 예천군 지보면 소화리에 있는데, 사월(沙月) 현옥량(玄玉亮)을 추모하는 곳이다.
- 영모재(永慕齋)는 전면 4칸, 측면 2칸으로 되어 있으며, 바로 옆에 신도비가 비각과 함께 보존되고 있다.
- 산소는 재실 뒷편에 있는데, 산소의 옛 비석은 1614년에 세웠다고 하나, 마모가 심하여 새로운 비석을 세웠는데, 비명을 한글로 기록한 것이 훌륭하였다. 옛 비석은 이수머리가 깨져 있었다.

영모재(永慕齋)

마흔아홉. 효사암(孝思菴)

잣나무　대나무여
푸르름　곧고 길다

울에다　글을 새겨
아들들　가르치니

할미꽃　봄바람 겨워
붉은 망울　수줍다

---

1. 배상지(裵尙志)
• 배상지(裵尙志)는 1351년(고려 충정왕 3년)에 태어나고 1413년(태종 13년 7월 27일)에 돌아가셨다(63세).
• 배상지(裵尙志)의 호는 백죽당(柏竹堂)이요, 본관은 흥해(興海)이다. 고려말의 절의충신(節義忠臣)으로 지조를 지킨 은사(隱士)이다.
• 공민왕 때에 벼슬에 나아가 판사복시사(判司僕寺事)에 올랐다. 임신변혁에 즉시 벼슬을 버리고 동생 전서공(典書公)과 함께 안동의 금계촌(金溪村)에 은둔하였다.
• 아들이 셋인데, 죽림사(竹林寺)에 모여서 독서회를 열면서, 기생들과 더불어 지내는데, 배상지(裵尙志)가 오더니, 7언 절구를 써서 벽에 붙혀 놓고 돌아 갔다고 한다.

　　一裵一裵復一裵　　배씨가 하나 하나 또 하나이니
　　三裵會處春風會　　세 명의 배씨가 모인 곳에 봄바람 불어온다

• 효사암(孝思菴) : 고려말의 절의 충신 배상지(裵尙志)를 기리는 정자.
• 참고자료 : 한가락 시조집 7권(1997년).

| 名是竹林非但竹 | 이름은 죽림인데 대나무만은 아니구나 |
| 竹林深處桃花開 | 대숲 깊은 곳에 복숭아꽃이 피는구나 |

2. 자취

• 효사암(孝思菴)은 경상북도 안동시 와룡면 서지리에 있으며, 배상지(裵尙志)를 추모하는 곳이다. 처음에는 아들 셋이 아버지의 뜻을 기려 효사루(孝思樓)를 세웠는데, 효사루(孝思樓)는 없어지고 작은 비석에, 효사루(孝思樓) 석 자만 적혀 있다.

• 영가지사암편(永嘉志寺菴篇)에는, "가수암(嘉水菴)은 안동부 북쪽 10리의 병산(甁山)아래에 있는 백죽당(柏竹堂) 배상지(裵尙志)의 재사(齋舍)로, 그 앞에 정자가 있어서 효사루(孝思樓)라고 하는데, 배환, 배강 형제가 지은 것이다."라는 기록이 있다.

• 산소는 가수천(嘉水川)언덕에 있다.

• 배상지가 살았던 터가 있고, 근래에 지은 집이 있는데, 백죽고택(柏竹古宅)이라고 하며, 전면 4칸, 측면 2칸으로 옛모습은 찾아 볼 수 없다.

• 야은(冶隱)에게 보내는 시와, 영월의 빙허루(憑虛樓)시가 있고, 둘째 아들 배환과 배강의 효사루(孝思樓)시가 각각 남아 있다.

효사암(孝思菴)

쉰. 경의재(景義齋)

곧은 길 걷고 걸어
이르른 뫼 골짜기

팽개친 벼슬에는
아쉬움 없다마는

그리운 언니 생각에
서성이는 걸음아

1. 심원부(沈元符)
- 심원부(沈元符)는 태어나고 돌아가신 때를 잘 알지 못한다. 고려말의 절의충신(節義忠臣)이며, 은사(隱士)이다. 두문동(杜門洞)에 들어간 72명의 한 사람이다.
- 심원부(沈元符)의 호는 악은(岳隱)이며, 본관은 청송(靑松)이다. 악은(岳隱)이라는 호는 송악(松岳)을 그리워하면서 숨어사는 사람이라는 뜻이다.
- 익제(益齊) 이제현(李齊賢)의 문하에서 배우고, 포은(圃隱)과 도의로 사귀었으며, 간성왕 때에 전리판서(典理判書)에 올랐다.
- 임신변혁에 두문동(杜門洞)에 들어가면서 아들들에게 유언하기를, "오늘을 내가 죽은 날로 알고, 책이나 읽고 농사나 지으면서 부귀를 탐하지 말고 대대로 충효(忠孝)에만 힘쓸 것을 명심하라." 하고는 종적을 감추었다. 그래서 산소는 찾을 길이 없어서 단을 만들어 놓았다.

- 경의재(景義齋) : 고려말의 충신 심원부(沈元符)를 기리는 재실.
- 참고자료 : 한가락 시조집 7권(1997년).

2. 자취

- 경의재(景義齋)는 경상북도 청송군 파천면 덕천리에 있으며, 악은(岳隱) 심원부(沈元符)의 절개를 추모하는 곳이다. 정면 5칸, 측면 3칸의 큰 다락이며, 가운데 마루를 중심으로 좌우에 방을 만들었다.
- 어릴 때부터 판단력이 뛰어나고 의리에 충실했다고 기록되어 있다. 또한 두문동(杜門洞)에 들어가면서 쓴 시와 간성왕의 폐위를 듣고 민농은(閔農隱)에게 쓴 시가 있다.
- 심원부(沈元符)의 형은 심덕부(沈德符)인데, 자는 득지(得之), 호는 노당(蘆堂), 또는 허강(虛江)이다. 고려 말기에 여러 벼슬을 거쳤으며, 명나라에 두차례 다녀왔고, 왜구를 물리치는데 공이 매우 크다. 1388년 요동 정벌에 이성계를 따라서 출정하여 위화도 회군에 큰 공을 세웠고, 조선조에서 좌정승(左政丞)에 올랐다.

경의재(景義齋)

쉰하나. 모선정(慕先亭)

우뚝한 솟을 대문
숲 속에 아늑하고

부릅 뜬 두 눈으로
지켜온 여섯온 날

오늘은 흐뭇한 마음
볼에 서려 붉었다

1. 박익(朴翊)
- 박익(朴翊)은 1332년(충숙왕 9년)에 태어나고 1398년(태조 7년)에 돌아가셨다(67세).
- 박익(朴翊)의 자는 태시(太始)이고, 호는 송은(松隱)이며, 처음 이름은 천익(天翊)이다. 두문동에 들어간 72명의 한 사람이며, 고려말 팔은(八隱)에 속하는 사람이다.
- 효심과 우애심을 천품으로 타고 났으며, 글재주도 뛰어나 29살에 입지잠(立志箴)과 지신잠(持身箴)을 지었는데, 무릇 뜻이 있으면 학문을 이룬다는 내용이다. 공민왕 때에 소감에 올라 한림문학 예부시랑을 거쳐 세자이부와 중서령에 천거되었다. 왜적과 북쪽 변방의 오랑캐를 물리치는데 공이 컸다.
- 임신변혁에 고향에 돌아와 삽포의 시냇가에 소나무를 심고 절개를 숭상하면서 지냈다.

- 모선정(慕先亭) : 고려말의 충신 박익(朴翊)을 기리는 정자.
- 여섯온 : 육백(600)이라는 한자를 우리말로 풀어쓴 단어.
- 참고자료 : 한가락 시조집 7권(1997년).

2. 자취

- 모선정(慕先亭)은 경상남도 밀양시 초동면 신호리에 있으며, 박익(朴翊)을 추모하는 곳이다. 박익(朴翊)의 현손 박수견(朴守堅)이 모친상을 당하여, 시묘(侍墓)살이 3년 후에도 무덤 옆에 살아서 그 효심을 기려서 고을이름, 산이름을 모선(慕先)이라고 한다.
- 모선정(慕先亭)안에 덕남사(德南祠)가 있는데, 박익(朴翊)과 두 아들을 기리는 서원으로 세웠으며, 고종 때에 헐린 것을 1933년에 복원하였다.
- 박익(朴翊)의 영정은 누군가에 의해서 그려 졌는데, 서원이 불타는 화염 속에서도 보존되어 전해지고 있다.
- 산소는 재실 보본재(報本齋) 위에 있는데, 오랫동안 실전된 것을 최근에 자손들이 지석을 발견하여 새로 조성하였는데, 앞쪽을 네모나게 하고 뒤쪽을 원분으로 하는 전방후원(前方後圓)의 고려묘제를 지키고 있다.
- 용강서원(龍岡書院)은 청도군 이서면 모산에 있으며, 두곡 박건(朴乾)의 재실인데, 임진왜란 때에 의병으로 참전하여 공이 크다. 이 때 의병으로 참가한 사람 14명을 받들어 숭의사(崇義祠)라고 했다가 고종 때에 헐리고, 다시 복원하여 박익(朴翊)의 영당을 여충사(麗忠祠), 숭의사는 용강서당으로 고쳤다가 다시 용강서원(龍岡書院)으로 고쳐 불렀다. 그 외에 산청군 신안면의 신계서원(新溪書院), 거제군 동부면의 송령각(松嶺閣)에 배향되었다.

모선정(慕先亭)

쉰둘. 홍일묘(紅日廟)

나룻배 노를 저어
샛바다 들이 마셔

검푸른 물결 막는
흰 바위 되었다가

함박눈 솔에 덮힌 날
붉은 해로 솟는다

1. 김제(金濟)
• 김제(金濟)는 태어나고 돌아가신 때를 알지 못하며, 다만 아우되는 김주(金澍)와 기일을 함께 한다. 그 이유는 김제(金濟)가 고려의 망함을 슬퍼하여 동해바다로 들어간 날짜와 아우 김주(金澍)가 명(明)나라에 사신으로 갔다가 압록강가에서 임신년의 소식을 듣고 옷과 신발을 보낸 날이 같기 때문이다.
• 김제(金濟)는 호가 백암(白巖)이요, 본관은 선산(善山)이다. 고려말 절의충신(節義忠臣)이며, 임신변혁에 이름을 제해(齊海)라고 바꾸고 처자와 헤어져 갈대 삿갓을 쓰고, 동해 나룻터에서 배를 타고 떠나면서 아전에게 남긴 시가 전한다.

　　呼船東問魯連津　　배 하나 불러 동쪽으로 노련의 나루를 묻노니
　　五百年今一介臣　　오백년 뒤 지금 한 사람의 신하로다

• 홍일묘(紅日廟) : 고려말의 충신 김제(金濟)를 기리는 사당.
• 샛바다 : 우리말로 동쪽을 새라고 함. 동쪽바다를 우리말로 풀어쓴 단어.
• 참고자료　: 한가락 시조집 7권(1997년).

|　可使孤魂能不死　　외로운 넋이 차마 죽지 못하고
|　願隨紅日照中垠　　붉은 해 따라서 중은을 빛내고 싶네

- 노중련(魯仲蓮) : 중국의 전국시대 제(齊)나라 사람. 마음이 곧고 맑으며 벼슬을 안하고 남의 어려운 일을 맡아 했다. 조(趙)나라에서 살았는데 진(秦)의 군사가 조를 에워싸고 진을 제(帝)로 섬길 것을 청하는데 중련(仲蓮)이 곧은 마음으로 듣지 않고 동해에 빠져죽겠다고 말하였는데, 후에 정말 바다로 숨어서 돌아오지 않았다.
- 중은(中垠) : 노중련이 배를 타고 떠난 나룻터

2. 자취

- 홍일묘(紅日廟)는 경상북도 상주시 낙동면 낙동리에 있으며, 김제(金濟)를 추모하는 곳이다. 홍일묘(紅日廟)에 수일정(隨日亭)이 있는데, 김제(金濟)를 기리는 정자이다.
- 김제(金濟)가 배를 타고 떠난 나룻터의 뒷산을 백암산(白巖山)이라고 부르고, 그 아래에 바위가 있어서 태수암(太守巖)이라고 일컫는다.
- 김재찬(金載瓚)의 고죽묘정비명(孤竹廟庭碑銘)이 있고, 이병모(李秉模)의 구죽유허비명(九竹遺墟碑銘)이 있고, 서형수(徐瀅修)의 평해해상도해비명(平海海上蹈海碑銘)이 있으며, 이기양(李基讓)의 평해해상마애비명(平海海上磨崖碑銘)이 있어서 김제(金濟)의 절개를 기린다.

홍일묘(紅日廟)

쉰셋. 퇴은정(退隱亭)

칼 들고　투구 쓰고
날리던　검은 갈기

오로지　한 마음을
바위에　새겨 놓고

고이고　어루만지려
골을 찾아　머물다

1. 이억(李嶷)
• 이억(李嶷)의 태어나고 돌아가신 때는 알지 못하며, 기일은 2월 12일이다.
• 이억(李嶷)의 자는 신지(信之)이고, 호는 퇴은(退隱)이며, 본관은 우계(羽溪)이다.
• 공민왕 때에 문과에 올랐고, 1388년(여흥왕 14년)에 강계원수가 되었으며, 이성계 막하에서 홍인계(洪仁桂) 장수와 요동정벌에 참여하여 큰 공을 세웠고, 임금이 금정아문(金頂兒文)을 수놓아 비단을 내리고 유장(儒將)이라고 불렀다.
• 간성왕이 물러날 무렵 밀직부사(密直副使)가 되어서 회복할 기회를 보다가 실패하고 홍주(순흥)으로 은둔하였다.
• 선성(宣城) 김설(金卨)의 비명(碑銘)에 행장이 잘 나타나 있다.

• 퇴은정(退隱亭) : 고려말의 충신 이억(李嶷)을 기리는 정자.
• 고이고 : 사랑하고의 우리말 단어.
• 참고자료 : 한가락 시조집 7권(1997년).

2. 자취

- 퇴은정(退隱亭)은 경상북도 영주시 단산면 병산리에 있으며, 이억(李嶷)을 추모하는 곳으로, 정면 3칸 측면 2칸으로 팔작지붕에 기와를 올렸으며, 담이 없고 정자 앞뜰에 사철나무 울타리가 경계를 이루고 있다.
- 정자에서 한 마장쯤 산으로 올라가면 이억(李嶷)의 산소가 있고 두 개의 문신석이 있고 비석은 최근에 설립한 것이다.
- 신조정에서 여러 벼슬로 등용하려 했으나 모두 물리치니, 아홉 고을의 공물(貢物)을 이억(李嶷)에게 주라고 했는데, 그 공물을 받지 않고 오래도록 쌓아두어서 썩었다고 하여, 마을 이름이 구고리(九皐里-구구리)라고 한다.
- 매월 삭망에 뒷산에 올라 송경을 바라보며 탄식하던 곳을 국망봉(國望峰)이라고 한다.
- 산소는 단산면 병산리 회석법곡(檜石法谷)에 있다.

퇴은정(退隱亭)

쉰넷. 백송재(白松齋)

보오얀 갈대 덤불
조으는 삿갓 머리

흰솔 끝 베고 누워
솔되터 꿈을 꾸다

어깨춤 흥에 겨웠나
사위 잡는 도롱이

1. 안준(安俊)
• 안준(安俊)의 태어나고 돌아가신 때를 알지 못하며, 고려말의 절의충신(節義忠臣)이며, 은사(隱士)이다.
• 안준(安俊)의 호는 노포(盧浦)이고, 본관은 순흥이다.
• 포은(圃隱) 정몽주(鄭夢周)에게서 성리학을 배우고, 공민왕 때에 과거에 올라 남양부사, 삼도체찰사가 되었고, 여흥왕 12년 연안부사를 역임하였다. 이 때에 왕께서 서해의 섬으로 사냥을 갔다가 공에게 구마(廐馬)를 주었다.
• 간성왕 4년 포은(圃隱) 정몽주(鄭夢周)가 화를 당하자 벼슬을 그만 두었으며, 임신변혁(壬申變革) 후에 신조정에 협조하지 않는다고 의령으로 귀양갔다가, 풀려나자 은둔하였으며, 임종에 아무런 흔적도 남기지 말라고 해서 비석이 없다.

• 백송재(白松齋) : 고려말의 충신 안준(安俊)을 기리는 재실.
• 흰솔 끝 : 백송(白松)을 우리말로 풀어쓴 단어. 백송 뿌리를 말함.
• 참고자료 : 한가락 시조집 8권(1998년).

2. 자취

- 백송재(白松齋)는 경상북도 예천군 호명면 백송리에 있으며, 안준(安俊)을 추모하는 곳이다. 백송재(白松齋)는 현판이 없고, 자취도 정확하게 알려져 있지 않다. 다만 문중의 기록에 따라 이 곳을 백송재(白松齋)로 추측할 뿐이다.
- 기천서원(箕川書院)은 풍원루(風遠樓)와, 대원군 때에도 헐리지 않은 상절사(尙節祠)와 명교당(明敎堂)이 있다. 풍원루(風遠樓)는 뜰 연못 가운데에 세웠던 정자인데, 지금은 현판만 남아 있으며, 연못과 정자는 모두 없어졌고, 상절사(尙節祠)에 안준(安俊)의 위패를 봉안했다.
- 근처에 퇴계가 일컫는 노포 8경(盧浦八景)과 집승정 10경(集勝亭十景) 등에 속하는 청원정(淸遠亭)이 있고, 또 안호정(雁湖亭)과 안호못(雁湖못)이 있다.
- 종손댁은 수오재(守吾齋)로, 문중의 유품들을 잘 보관하고 있고, 마루에는 수오잠(守吾箴) 각판이 걸려 있다.
- 산소는 군남의 백송리 건지산에 동향으로 있으며, 묘비가 없다.

백송재(白松齋)

쉰다섯. 개운재(開雲齋)

세 아우 뜻을 모아
말 갈기 휘어 잡고

드리운 얼굴 그림
빛나는 자랑이라

비구름 검게 덮혀도
푸른 하늘 꿈꾼다

---

1. 김선치(金先致)
• 김선치(金先致)는 1318년(충숙왕 5년)에 태어나고 1398년(태조 7년)에 돌아가셨다(81세). 고려말의 절의충신(節義忠臣)이며, 부조현(不朝峴)을 넘어 두문동(杜門洞)에 들어간 72명의 한 사람이고, 절개를 지킨 은사(隱士)이다.
• 김선치(金先致)의 별호는 낙성군(洛城郡)이고, 본관은 상산(商山)이다.
• 문무를 겸비하여, 17세에 나주판관 벼슬에 올랐고, 유탁(柳濯)을 따라서 왜구를 평정하고, 공민왕 때에 행촌(杏村) 이암(李嵓)을 따라 홍건적을 물리쳤다. 이 공으로 벽상공신(壁上功臣)이 되었다.
• 삼형제가 있는데, 상낙군(上洛郡) 김득배(金得培), 상산군(商山郡) 김득제(金得齊), 그리고 낙성군(洛城郡) 김선치(金先致)는 모두 원수(元帥)가 되어 도적과 난리를 평정하였다고 하여 삼 원수(三元帥) 형제라고 한다.

• 개운재(開雲齋) : 고려말의 충신 김선치(金先致)를 기리는 재실.
• 드리운 그림 얼굴 : 600여 년을 보관한 영정이 있음.
• 참고자료 : 한가락 시조집 9권(1999년).

* 임신변혁(壬申變革)에 당하여 두문불출(杜門不出)하고, 유신들과 두문동(杜門洞)에 들어갔다가 후에 산양현에 은둔하였다.

2. 자취
* 개운재(開雲齋)는 경상북도 상주시 개운동에 있으며 김선치(金先致)를 추모하는 곳이다. 정면 3칸, 측면 2칸으로, 가운데는 마루이고 양쪽에는 방을 만들었다. 팔작기와지붕으로 아담하다.
* 홍건적(紅巾賊)을 물리쳐서 일등공신록(一等功臣錄)에 기록되었고, 또 벽상공신(壁上功臣)이 되었는데, 얼굴을 벽에다 그려서 그 공을 많은 사람이 기리는 공신이다.
* 산소는 실전되었다가 지석이 발견되어 봉분을 다시 만들었고, 상주시 개운동 남동방향을 향한 언덕에 있다.

개운재(開雲齋)

쉰여섯. 첨모재(瞻慕齋)

파아란 햇살 자락
그리워 그립던 임

흰꽃뫼 뻗친 구름
끝끝내 막아 내어

못다한 나라 지킴을
굳게굳게 하였다

1. 김구정(金九鼎)
• 김구정(金九鼎)의 태어나고 돌아가신 때는 잘 알지 못하나, 고려말의 절의충신(節義忠臣)이며, 은사(隱士)이다.
• 김구정(金九鼎)의 별호는 감무공(監務公)이며, 본관은 청도(淸道)이다.
• 고려말에 과거에 올라 황간감무(黃澗監務)가 되었으나, 임신변혁(壬申變革)에 당하여, 고을 북쪽 백화산(白華山)에 올라 상주(尙州) 화령(化寧)을 보고 은둔하여 여생을 보내기로 하였다.
• 김구정(金九鼎)의 산소는 전하지 않고 다만 남은 터에 3단을 쌓아서 높은 비석을 세웠으며, 도 기념물 113호로 지정되어 보존된다.

2. 자취
• 첨모재(瞻慕齋)는 경상북도 상주시 화동면 판곡리에 있으며, 김구정(金

• 첨모재(瞻慕齋) : 고려말의 충신 김구정(金九鼎)을 기리는 재실.
• 흰꽃뫼 : 김구정(金九鼎)이 머물던 지방의 백화산(白華山)을 풀어쓴 단어.
• 참고자료 : 한가락 시조집 9권(1999년).

九鼎)을 추모하는 곳이다. 정면 3칸, 측면 2칸으로 기단을 쌓은 곳에 집을 지었다. 측면의 앞 부분은 마루로, 뒷부분은 방으로 이루어진 재실이다.
• 첨모재(瞻慕齋) 옆에는 낙화담(落花潭)이 있는데, 옛날에는 지금보다 훨씬 넓었다고 하며, 임진왜란 때에 정절을 지키려고 여자들이 이 곳에서 죽었다고 한다. 노산 이은상의 낙화담시비문(落花潭詩碑文)이 있다.
• 김구정(金九鼎)의 현손(玄孫)에 김흡(金洽)이 있는데, 호가 수의공(修義公)이다. 노수신(盧守愼)과 성윤해(成允諧) 등과 은둔하여 시부(詩賦)를 즐겨서, 사람들이 청향계(淸香禊)라고 불렀다.
• 김흡(金洽)의 아들 김준신(金俊臣)은 임진왜란(壬辰倭亂) 때에 최초의 의병장이 되어 상주성을 지키다가 순절하였으며(32세로 죽음), 화동면 판곡리에 의사 김준신공 유허비(義士金俊臣公遺墟碑)가 있다. 그리고 처음으로 의병을 출발시킨 장소가 신의치(信義峙) 곧 신의터재라 불린다.

첨모재(瞻慕齋)

쉰일곱. 직산재(直山齋)

잣숨음 곧고곧고
환한 빛 멀리멀리

빼어난 글 재주는
참 길만 보여 주고

다져진 어버이 섬김
높게 달아 세우다

---

1. 임즐(林騭)
- 임즐(林騭)의 태어나고 돌아가신 때는 잘 알지 못하며, 고려말의 절의 충신(節義忠臣)이며, 은사(隱士)이다.
- 임즐(林騭)의 자는 상협(相協), 호는 성은(城隱)이며, 본관은 예천(醴泉)이다.
- 일찍이 생원(生員)시에 뽑혔으나, 과거를 하여 벼슬에 나아감을 꺼리다가, 후에 명을 받아서 연이어 어사가 되어 곧은 정치를 펼치고 여섯 고을을 다스리면서 아름다운 치적을 남겼다.
- 임신변혁(壬申變革)에 고향에 은둔하면서 부모님을 극진하게 모셨고, 3년 동안 여막살이를 실행하여 왕명으로 효자각(孝子閣)을 세웠는데, 지금 예천읍 백정동에 있다.

- 직산재(直山齋) : 고려말의 충신 임즐(林騭)을 기리는 재실.
- 잣숨음 : 잣은 성(城)의 우리말임. 호가 성은(城隱)이어서 우리말로 풀어 쓴 단어.
- 참고자료 : 한가락 시조집 9권(1999년).

2. 자취

- 직산재(直山齋)는 경상북도 예천군 용문면 직동리에 있으며, 임즐(林騭)을 추모하는 곳이다. 정면 3칸, 측면 2칸으로 되었으며, 마을에서 멀리 떨어져 있고, 돌보지 않아서 낡았다. 직산재(直山齋)가 있는 마을을 고든골이라고 부른다.
- 산소는 옥천서원(玉川書院) 바로 옆에 방분으로 되어 있으며, 옛 모습을 간직하고 있으며, 비석도 오래된 것이다.
- 옥천서원(玉川書院)은 임즐(林騭)의 고조할아버지 임춘(林椿)을 배향한 곳이다. 임춘(林椿)은 죽림고회(竹林高會)의 큰 문장가이며, 강좌칠현(江左七賢)의 한 명이다. 강좌칠현(江左七賢)은 고려 후기의 청담풍(淸談風)의 일곱 선비를 말하는데, 이인로(李仁老), 오세재(吳世才), 임춘(林椿), 조통(趙通), 황보항(皇甫抗), 함순(咸淳), 이담지(李湛之)를 일컫는 말이다.

직산재(直山齋)

경상남도 편

취수정(醉睡亭)	김가행(金可行)
자미정(紫薇亭)	이오(李午)
영사정(永思亭)	이원달(李元達)
우곡정(隅谷亭)	정온(鄭溫)
교수정(教授亭)	조승숙(趙承肅)
단구관(丹邱館)	김후(金後)
망경루(望京樓)	민안부(閔安富)
노강재(魯岡齋)	유번(柳藩)
기동서원(基洞書院)	이경(李瓊)
건계정(建溪亭)	장대장(章大莊)
청금정(淸襟亭)	이치(李致)
경모재(景慕齋)	옥사온(玉斯溫)
학음재(鶴陰齋)	조계방(趙繼芳)
거연정(居然亭)	전시서(全時敍)
참성단(塹城壇)	단군(檀君)

쉰여덟. 취수정(醉睡亭)

치솟은 꽃뫼 터에
맑은 물 아늑한 곳

울타리 박찬 느티
그 때를 그리는데

이끼 낀 돌거북 등에
겨울 햇살 조올다

1. 김가행(金可行)
• 김가행(金可行)은 태어나고 돌아가신 때를 알지 못하며, 고려말 절의 충신(節義忠臣)이다.
• 김가행(金可行)은 본관은 선산(善山)이며, 벼슬이 동래현령(東萊縣令)을 역임하여, 현령(縣令)공으로 불리운다.
• 도은(陶隱) 이숭인(李崇仁) 문하에서 학문을 배우고, 과거에 급제한 후에 동래현령(東萊縣令)을 역임하였다.
• 임신변혁에 삼십이 안된 나이에 의(義)와 충(忠)을 내세워, 의병을 일으킬 것을 결심하고, 왕강(王康), 박위(朴葳), 박중질(朴仲質), 왕화(王和), 왕거(王琚) 등과 함께 간성왕(杆城王)의 원자(元子)를 왕으로 세우려고 계획하다가 점술인 이흥무(李興茂)의 밀고로 비운을 맞게 된다.

• 취수정(醉睡亭) : 고려말의 충신 김가행(金可行)을 기리는 정자.
• 꽃뫼 : 대초리에 있는 산이름 화산(花山)을 우리말로 풀어쓴 단어.
• 참고자료 : 한가락 시조집 5권(1995년).

2. 자취

- 취수정(醉睡亭)은 김가행(金可行)의 손자가 되는 조선조의 청렴한 선비로 호를 취수(醉睡)라 하는, 김수양(金粹讓)께서 지은 정자이다. 김수양(金粹讓)은 무오사화 때에 세상의 어지러움을 보고, 경상남도 거창군 가조면 대초리 화산 아래 은도동에 은거하신 분이다.
- 취수정(醉睡亭)은 4각 정자로 나무 기둥으로 지은 것이며, 안으로 방을 만들고 ㄷ자 형태로 마루를 놓은 전형적인 정자 모습이다.
- 뜰에는 거북이 두 마리가 있고 비가 두 개 있으니, 김가행(金可行)공과 김수양(金粹讓)공의 신도비이다.
- 대초마을은 선산 김씨의 집성촌으로 논농사와 딸기를 재배하고 있다.

취수정(醉睡亭)

쉰아홉. 자미정(紫薇亭)

머나먼 마쪽 길로
찾아간 할아비여

듣는 이 없는 노래
외롭게 부르다가

전복샘 물에 젖은 맘
어루대는 배롱꽃

1. 이오(李午)
- 이오(李午)는 생몰년대를 알 수 없으며, 고려말 충신이며 은사(隱士)이다.
- 호는 모은(茅隱)이고, 본관은 재령(在寧)이다.
- 포은(圃隱) 정몽주(鄭夢周) 문하에서 성리학을 공부하고, 간성왕 때에 성균진사(成均進士)를 역임하였고, 고려말에 국운을 일으키고 간신들을 탄핵하려고 노력했으나, 뜻을 이루지 못했다. 고려가 망하자, 고향으로 내려와 두심동에 살던 판도판서 만은 홍재와 공조전서 금은 조열과 김해부사 김후 등과 더불어 교분을 유지하며 마음을 달래었다. 충성과 절개에 있어서 많은 사람들의 우러름을 받았다.

2. 자취
- 자미정(紫薇亭)은 경상남도 함안군 산인면 모곡리 장내동에 있으며

- 자미정(紫薇亭) : 고려말의 충신 이오(李午)를 기리는 정자.
- 마쪽 : 남쪽의 우리말 단어.
- 참고자료 : 한가락 시조집 2권(1992년).

후손들이 모은(矛隱)의 정신을 기리기 위하여 세운 정자로, 종가(宗家)를 포함하여 14채의 집으로 이루어져 있고, 고려동학비, 자미단경모비, 고려답, 고려담 등이 경상남도 기념물 56호로 보존되고 있다.
• 자미정(紫薇亭) 입구에 있는 자미화(紫薇花)(우리말로 배롱나무)는 모은(矛隱)이 직접 심은 것으로 알려지고 있다.
• 장내동이란 말은 고려 담장 안에 있는 동네라는 말에서 유래되었다고 하며, 자미정(紫薇亭) 뒷 뜰에 있는 복정(福井)이란 우물은 담밖에 나가지 않아도 물이 마르지 않아서 삶에 어려움이 없었고, 효심이 갸륵하여 자라나 잉어를 얻을 수도 있었다고 한다.
• 산소는 가야읍 인곡리에 인산재가 있으며, 인산재 위 산에 있는데, 고려의 장례 제도를 그대로 유지하고 있으며, 쌍분에 표석이 있다.
• 모은실기(矛隱實記)가 남아서 당시의 분위기를 알아볼 수 있는 귀중한 자료이다.

자미정(紫薇亭)

예순. 영사정(永思亭)

우뚝한 달암 앞에
고사리 고개 숙고

깊은 골 줄기차게
흐르는 그 뜻일랑

사위가 그대로 받아
이어가는 빛이여

1. 이원달(李元達)
• 이원달(李元達)은 태어난 때와 돌아가신 때를 알지 못한다. 고려말의 은사(隱士)로 충(忠)과 효(孝)에서 남의 모범이 되고 있다.
• 성리학을 공부하여 올바른 삶의 길을 깨달아 생활하였으며, 특히 절개를 소중하게 여겼다. 기타 내용이 자세하지 않고 사위인 유환공의 사적을 통해 조금씩 알려지고 있다.

2. 자취
• 영사정(永思亭)은 경상남도 거창군 위천면 장기리에 있으며, 이원달(李元達)의 사위가 되는 유환공께서 세상일을 잊고 임금만을 생각하겠다는 뜻으로 세운 정자이다. 2층 마루로 되어 있고 주변 정리가 잘 되어 있다.

• 영사정(永思亭) : 고려말의 충신 이원달(李元達)을 기리는 정자.
• 달암(達巖)바위 : 거창군 위천면 장기리 금원산 속에 있는 바위 이름. 이원달(李元達)이 굶어죽었다는 곳임.
• 참고자료 : 한가락 시조집 2권(1992년).

• 금달암(金達巖)은 위천면 장기리 금원산 속에 있는 바위로 사람이 쉽게 오르지 못하는데, 이원달이 부인 김씨와 함께 고려의 망함을 보고 탄식하며 이 바위에 올라 개성을 바라보며 울다가 죽었다는 곳이며, 바위 위에 핏자국이 남아있다고 한다. 산길 이정표에는 문바위라고 표기되어 있다.

영사정(永思亭)

예순하나. 우곡정(隅谷亭)

솔 잎에 눈 찔려도
꾹 참고 살았는데

그 때나 오늘이나
뒤틀림 그대로니

임이여 눈 바로 떠도
맑을 날은 언제랴

1. 정온(鄭溫)
- 정온(鄭溫)은 태어나고 운명하신 때를 알지 못하며, 고려말의 은사(隱士)이다.
- 호는 우곡(隅谷)이며, 본관은 진양이다. 대대로 고려의 조정에서 벼슬하던 가문에서 태어났으며, 벼슬이 자헌대부 사헌부 대사헌(資憲大夫 司憲府 大司憲)에 올랐다.
- 고려가 망하고 나라가 어지럽게 되자, 진양의 우곡에 숨어 살았는데, 신조정에서 우곡(隅谷)의 학식과 어짊을 알고, 여러 번 찾아왔으나, 항상 앞이 보이지 않는 청맹과니라 하여 거절하니 한 번은 신 조정에서 내려온 사신이 소나무 잎 몇 가닥으로 눈을 찔러 시험했다는 이야기가 전한다.

2. 자취
- 공의 자취는 대부분 소멸되고, 다만 월아산기(月芽山記) 한 편이 전해진다.

- 우곡정(隅谷亭) : 고려말의 덕현이며 은자인 정온(鄭溫)을 기리는 정자.
- 참고자료 : 한가락 시조집 2권(1992년).

- 우곡정(隅谷亭)은 경상남도 진주시 사봉면 사곡리에 있으며, 정면 3칸, 측면 1칸의 작은 정자로, 돌담에 둘러져 있고, 뜰에는 우곡(隅谷)이 직접 파놓은 연못이 있는데, 항상 물이 마르지 않고 흐른다고 한다. 정자 우측에 신도비가 세워졌고, 주목과 송죽이 심어져 있다.
- 우곡정(隅谷亭)에서 바라보는 8경(八景)이 있다.

삼강귀범(三江歸帆)	용평낙안(龍平落雁)
아산숙운(牙山宿雲)	매산낙조(梅山落照)
봉령제월(鳳嶺霽月)	우단청풍(雩壇淸風)
죽항장연(竹項長烟)	지당약어(池唐躍魚)

우곡정(隅谷亭)의 주위에 있는 아름다운 경치라고 한다.
- 산소는 우곡정(隅谷亭) 동쪽으로 봉령산(鳳嶺山) 중턱에 있는데, 방분(네모난 모습) 형태로 고려조의 제도를 꾸미고 있고, 혼유석, 동자상, 장군상, 망주석이 있으며, 묘갈이 좌측에 놓여 있다.

우곡정(隅谷亭)

예순둘. 교수정(敎授亭)

어버이 섬기는 일
배우고 가르치고

올바른 삶의 길을
몸으로 걸어 가며

티끌이 묻을 일에는
살피고 또 살핀다

1. 조승숙(趙承肅)
• 조승숙(趙承肅)은 1357년(공민왕 6년)에 태어나고 1417년(조선 태종 17년)에 세상을 떠났다(향년 61세).
• 자는 경부(敬夫)요, 호는 덕곡(德谷)이며, 본관은 함안(咸安)이다. 고려 말 충신(忠臣)이요, 은사(隱士)이다.
• 정몽주(鄭夢周)의 문하생이며, 길재와 친교가 있었고, 학업에 정진하여 여흥왕 3년(1377)에 문과에 올라 경적(經籍)과 축소(祝疏)의 일을 담당하는 저작량에 뽑혔고, 임금님이 친히 침향나무 책상을 글과 함께 내려주었다고 한다.
• 얼마 후에 부모봉양을 위하여 부여감무(扶餘監務)를 제수받았고, 임신변혁에 고향인 덕곡에 돌아와 교수정을 짓고 후학지도에 힘을 쏟았다.
• 사기(史記)를 가르칠 때에는 나라가 망하는 내용이 나오면, 공부도 잊고, 눈물을 흘려서 제자들이 나라가 망하는 부분을 찢어버렸다고 한다.
• 고려 조정에서 입던 고려의 조복(朝服)을 고이 간직하여 죽은 후에

• 교수정(敎授亭) : 고려말의 충신이며 은사인 조승숙(趙承肅)을 기리는 정자.
• 임정(林亭) : 경상남도 함양군 지곡면 신도비 비각 앞에 있는 소나무 숲.
• 참고자료 : 한가락 시조집 2권(1992년).

염의(殮衣)로 삼았다고 한다.

2. 자취

• 경상남도 함양군 지곡면 개평리에 있는 교수정(敎授亭)은 대문과 수성당(修誠堂) 및 정원으로 이루어져 있고 정돈상태가 양호하다. 대문을 들어서면, 수성당(修誠堂)이 있고, 뒤쪽으로 교수정(敎授亭)이 있으며, 현판에 미국(薇菊)이라는 글이 보인다. 미국(薇菊)이라는 말은 백이숙제가 수양산에서 고사리를 캐먹다가 굶어죽었다는 고사리 미(薇)와, 귀전원(歸田園)을 주장하고 실천한 도연명(陶淵明)을 상징하는 국화의 국(菊)을 합하여 만든 글이다. 우리 선현들의 사대주의(事大主義)적 사고방식을 살펴볼 수 있는 부분이다.

• 성종의 사제문(賜祭文) 중에 나오는 수양명월 율리청풍(首陽明月 栗里淸風)을 새긴 비석과 덕곡(德谷)의 후손 5효자 정려(五孝子旌閭)비각이 있다(경상남도 지정 문화재 76호).

• 1701년(숙종 27년) 도곡서원(道谷書院)에 배향(配享)하였다.

• 임정(林亭)은 조승숙이 솔과 매화를 심어 하루에 3번씩 어루만져 주었다는 동산이다. 지금도 지곡면 신도비 비각 앞에 정원이 남아 있는데, 그 때 심은 나무들이 있다고 한다.

교수정(敎授亭)

예순셋. 단구관(丹邱館)

물맑아 깊은 골에
숨어 핀 붉은 대공

올곧아 가냘프던
할아비 그림자여

예순재 넘은 발길을
꽃내음이 반긴다

1. 김후(金後)
* 김후(金後)는 1364년(공민왕 14년 3월 15일)에 태어나고 1397년(태조 6년)에 운명하시다(33세).
* 자는 각부(覺夫)이고, 호는 은락재(隱樂齋), 또는 단구(丹邱)이며, 본관은 상산(常山)이다.
* 포은(圃隱) 정몽주(鄭夢周)의 문하에서 성리학을 배우고, 학문과 덕망으로 음서로 벼슬에 나아가 군기시직장에 오르고, 간성왕 원년에 문과에 합격하여 시문직을 거쳐 보문각 직제학에 있다가 포은(圃隱)이 해를 입은 뒤에, 포은(圃隱)과 같이 활동했다고 하여 김해부사로 나갔으며, 임신변혁에 벼슬을 버리고 단성 부암산 법물리로 은둔하였다. 그리고 스스로를 은락재(隱樂齋)라 부르면서 절개를 지켰다. 두문동 72명의 한 사람이다.

---

* 단구관(丹邱館) : 고려말의 충신 김후(金後)를 기리는 정자.
* 예순재 : 산청군에 있는 육십령(六十嶺) 고개를 우리말로 풀어쓴 단어.
* 참고자료 : 한가락 시조집 4권(1994년).

• 두문동 72명에 속하는 만은 홍재, 금은 조열, 모은 이오 등 지리산 배록동에 사는 은사(隱士)들과 서로 왕래가 있었으며, 치악산 원천석(元天錫)이 세운 제단에 참배하고 돌아와 절명하였다고 한다. 그 때 지은 절명시(絶命詩)가 남아 있다.

2. 자취

• 단구관(丹邱館)은 경상남도 산청군 신등면 평지리에 있는데 정면 8칸의 커다란 집이며, 최근에 신축하였다. 산소 가는 길에 생거하셨다는 은락재(隱樂齋)가 옛 모습으로 보존되고 있다.
• 산소는 신등면 평지리 고안동 언덕에 있는데 부인과 합장하였다. 형식은 고려의 제도를 따라서 방분(方墳)으로 꾸며져 있었다.
• 은락재(隱樂齋)께서 남기셨다는 절명시(絶命詩)이다.

同被白雲像	함께 높고 깨끗한 마음을 간직하고
遊於北岳中	북악에서 놀았는데
念我沒塵土	지금 나는 이 세상에 휩싸였으니
寄身奔蒼空	몸이라도 푸른 하늘에 의탁하네

단구관(丹邱館)

예순넷. 망경루(望京樓)

봉우리 오른다고
시러곰 보일거냐

아쉬움 달래려고
설레며 오르는데

빨갛게 물든 오솔길
감초일 듯 보일 듯

1. 민안부(閔安富)
* 민안부(閔安富)는 태어나고 돌아가신 때를 알지 못하며, 고려말의 충신(忠臣)이요, 은사(隱士)이며 두문동에 들어간 72현의 한 사람이다.
* 자는 영숙(榮叔)이며, 호는 농은(農隱)이고 본관은 여흥이다. 고려에서 대대로 명문 집안에서 태어났으며, 과거에 올라, 예의판서(禮儀判書)에 오르고 임신변혁에 부조현(不朝峴)을 넘어 두문동에 들어갔다.
* 후에 경상남도 산음의 대포에 숨어 호를 농은(農隱)이라 하였으니, 그것은 농부들과 자취를 함께 하겠다는 의지를 굳게 하는 것이다.

2. 자취
* 산음의 대포에 있는 뒷산에 올라 삭망에 개성을 바라보며 통곡하였다고 하여 그 봉우리를 망경대(望京臺)라 부르며 지금도 자취가 남아있다. 문중에서는 지금까지 이 망경대에서 제사를 지냈는데, 오르기가 번잡하여 망경루(望京樓)를 입구에 세우고 있고, 앞으로는 제사를 망경루

* 망경루(望京樓) : 고려말의 충신 민안부(閔安富)를 기리는 정자.
* 참고자료 : 한가락 시조집 4권(1994년).

(望京樓)에서 지낼 것이라고 한다. 지금의 경상남도 산청군 금서면 화계리에 있다. 신조정 300년에 사람들이 대포서원을 세우고 숭절사(崇節祠)에 배향하였다. 산소는 오부면 양촌리 언덕에 있다.
* 근처에 농은(農隱)이 살던 터가 남아 있고 서원도 함께 있었다고 하는데 지금은 인적이 없고 퇴락되었지만 200여 년 전에 지은 집이란다.
* 원래 농은(農隱)이 거처하던 마을이 큰 길가에 있는데, 지금은 신도비와 유허비만 남아 있다. 신도비는 이수와 귀부가 삼단을 형성하여 처음 보는 것으로 아주 특이하였다.
* 만월대 연구(滿月臺聯句)가 있다. 만월대 연구(滿月臺聯句)는 고려말 나라의 운명이 불안해졌을 때, 고려의 운명을 걱정하던 8명이 한 자리에 모여서 한시의 각운에 따라서 한 구씩을 짓는 시이다. 여덟 명이 모두 두문동에 들어간 고려말의 충신(忠臣)들이다.

臺夜秋風漸覺寒	(閔安富)	만월대 가을 밤에 쓸쓸함이 더 하는데
坐來一片月長安	(安省)	앉으니 한 조각 달이 개성을 밝게 비추네
雲消萬里天心廓	(鄭夢周)	구름이 걷히니 멀리 하늘이 아득한데
煙擁千家洞口寬	(徐甄)	안개에 싸인 개성의 모습이 넉넉하구나
今夕壺觴觀野容	(金澍)	오늘 저녁 술 한 잔에 거친 모습을 보는데
明朝劍佩晋廷官	(李種學)	날이 새면 검을 찬 진나라의 뜰이 되는구나
錦筵酒罷佳人起	(南乙珍)	정다운 술자리가 끝나면 그대들은 떠나가고
勝事他時再得難	(程廣)	이렇게 좋은 자리는 다시 얻기 어려울 것이네

* 망경루(望京樓) 입구에 가락국 사당이 건립되고 있는데 찾아볼 만하다.

망경루(望京樓)

예순다섯. 노강재(魯岡齋)

여덟 모 미닫이에
찬바람 부딪는 날

눈 덮인 뫼 자락에
대 숲이 푸르러라

한 뿌리 옮겨 가꿀 때
푸르름도 옮겼나

1. 유번(柳藩)
• 유번(柳藩)은 태어나고 돌아가신 때를 알지 못하며, 고려말 두문동에 들어간 72명의 한 사람으로 충효(忠孝)와 절개가 세인의 모범이 된다.
• 호는 벽은(僻隱)이며, 본관은 진주(晋州)이다. 처음 이름은 번(蕃)이었는데, 임신변혁 후에 번(藩)으로 고쳤다. 처음 이름은 번성한다는 뜻이고, 고친 이름은 굳게 지킨다는 뜻이다.
• 고려 충정왕 때에 과거에 합격하여 벼슬에 오르고, 두 차례나 명나라 사신으로 가서, 명나라의 부당한 요구를 거절하였고, 나라의 어려움을 구했다.
• 고려조의 세신(世臣)가문으로 문장과 충효(忠孝)로 존중을 받으며, 목은(牧隱), 포은(圃隱), 도은(陶隱) 등과 친교를 맺으며, 간성왕 원년 김저(金佇)의 옥사에 목은(牧隱), 도은(陶隱), 양촌 권근 등과 함께 유배를 당했

• 노강재(魯岡齋) : 고려말의 충신 유번(柳藩)을 기리는 정자.
• 참고자료 : 한가락 시조집 4권(1994년).

으나 2년 후에 죄가 풀리어 공조전서가 되었다. 임신변혁 후에 유번(柳
藩)은 보봉산에 들어 갔으며, 뜻을 같이하는 재상 48인과 함께 두문불출
(杜門不出)하니, 그 동네를 두문동(杜門洞)이라고 한다.

2. 자취
• 노강재(魯岡齋)는 경상남도 합천군 묘산면 가산리에 있으며, 전면 6
칸, 측면 2칸의 잘 정비된 재실로 벽은(僻隱)을 추모하는 곳이다. 옛 날
에는 강양(江陽, 지금의 합천) 노태산 아래에 후손들이 사당을 세우고
제사를 받들었다.
• 두문동(杜門洞)이란 경기도 개풍군 광덕면 광덕산 서쪽의 골짜기에
있는 산골을 일컫는 지명으로 고려 말기에 고려 신하들이 새 조정에
반대하여 은거하던 곳이다. 신규, 조의생, 임선미, 이경, 맹호성 등 72명
이 은거하였다고 하며, 이들이 넘은 고개를 부조현(不朝峴)이라고 한다.
동두문동(東杜門洞)과 서두문동(西杜門洞)이 있다고 하며, 동두문동(東杜
門洞)에는 고려의 무신 48명이 은거하였다고 한다. 두문불출(杜門不出)
은 여기에서 생긴 말이다.

노강재(魯岡齋)

예순여섯. 기동서원(基洞書院)

솔 그늘 짙푸름에
감싸인 텃골 다락

미닫이 열어 놓고
기다린 봄 내음이

한가락 노래에 겨워
물버들에 오르다

1. 이경(李瓊)
- 이경(李瓊)은 1337년(충숙왕 복위 6년) 12월 18일에 태어나고, 돌아가신 때를 알지 못하며, 어머니는 원천석(元天錫)의 딸이다.
- 자는 치쟁(穉琤)이고, 호는 이우당(二憂堂)이며 본관은 하빈(何賓)이다. 고려말의 충신(忠臣)이며, 절개를 지키며 살아가는 은사(隱士)이다.
- 어려서부터 운곡(耘谷) 원천석(元天錫)과 목은(牧隱) 이색(李穡)에게서, 포은(圃隱) 정몽주(鄭夢周)와 함께 성리학을 배웠고, 함께 진사 시험에 합격하였다.
- 어릴 때부터 신동으로 소문이 나서 당시 충정왕이 대궐로 불러 시험하고는 영특함에 놀라 경전 4서와 지필묵(紙筆墨)을 상으로 내려 주었다.
- 16세에 관례를 치른 후에 경기도 지방에 있을 때에 왜적이 침입하였는데, 이경(李瓊)이 왜적의 추장에게 사람 사귀는 도를 말하였더니, 왜적들이 한 수의 시를 지어주고는 물러 갔다고 한다.

- 기동서원(基洞書院) : 고려말의 충신 이경(李瓊)을 기리는 서원.
- 텃골 : 기동(基洞)을 우리말로 풀어쓴 단어.
- 참고자료 : 한가락 시조집 5권(1995년).

2. 자취

• 기동서원(基洞書院)은 경상남도 거창군 가조면 기리에 있으며, 이경(李瓊)을 추모하는 곳이다. 기동서원(基洞書院)은 정면 4칸, 측면 2칸으로 팔작기와지붕이며, 전면 2칸은 방으로 꾸며 만들었다.
• 이우당(二憂堂)이란 호는 야은(冶隱) 길재(吉再)가 지어준 것이니, 앉으나 서나 나라 걱정만 하여 근심 걱정이 그칠 날이 없다고 해서 불러준 이름이다.
• 언지록(言志錄)이라는 기록이 전한다.
• 배곡태조릉운(拜哭太祖陵)의 시가 남아있고, 왜적의 추장이 남겨 주었다는 시가 전하고 있다.

倭酋贈詩	(왜적의 추장이 남겨준 시)
先生威德坐如春	선생의 위엄스런 덕은 자리를 봄같이 따뜻하게 하고
恨未生來作比隣	이제껏 친하게 지내지 않음을 한스러워하네
雪月心機含造化	설월(雪月)같은 마음 조화를 머금고
霜風氣質賴精神	상풍(霜風)같은 기질은 정신에 바탕했네
論文可得聞先博	글을 논함에는 선현에 대한 많은 것을 들을 수 있고
守義宛多性素仁	의로움을 지킴은 마치 성품이 다 인에 바탕했네
書答書言通理學	글로써 문답하니 이학에 통하고
難忘此地却忘身	이곳을 잊기는 문득 몸을 잃는 것처럼 어렵네

기동서원(基洞書院)

예순일곱. 건계정(建溪亭)

오골찬 마음 하나
다져서 지키려고

배롱꽃 우거진 터
집 짓고 살았는데

봄인가 터진 꽃망울
시샘하는 찬 바람

1. 장대장(章大壯)
• 장대장(章大壯)은 태어나고 돌아가신 때를 알지 못하며, 고려말의 충신으로 절개를 굳게 지킨 사람이다.
• 호를 둔와(遯窩)라 하고, 본관은 거창(居昌)이다.
• 고려말에 벼슬이 부정에 올랐는데, 임신변혁에 세상의 혼탁함을 싫어하여 세상의 출세와는 인연을 끊고 두 임금을 섬기지 않겠다는 지조를 지키면서 거창(居昌)에 은둔하게 되었다.
• 아림군(娥林君)은 장대장(章大壯)의 조부(祖父)가 되는 사람으로 고려 충숙왕 때 벼슬이 시중에 이르렀고, 충혜왕이 원나라에 잡혀갈 때에 호종하였으며, 공민왕때(1361년)에는 홍건적이 개성을 함락시키자, 복주(지금의 안동)으로 피난하였다가 다음 해(1362년) 안우(安祐), 정세운(鄭世雲)등과 함께 홍건적을 토벌하고 개성을 수복하였으며, 그 공로로 아림군(娥林君)에 봉해진 것이다.

• 건계정(建溪亭) : 고려말의 충신 장대장(章大壯)을 기리는 정자.
• 참고자료 : 한가락 시조집 6권(1996년).

2. 자취

• 건계정(建溪亭)은 경상남도 거창군 거창읍 상림리에 있으며, 전면 3칸의 우뚝한 정자이다. 중국에서 망명한 사람들이 조상의 뿌리를 기억하고 문중의 결속을 다지며, 정신을 기리기 위하여 건립한 것이다.

• 정자 주변은 산과 계곡이 어울려 아름다운 경치를 이루고 있으며 거창 사람들의 휴식처와 유원지가 되고 있다.

• 건계정 옆에 장대장(章大莊)의 신도비가 있다. 묘비명(墓碑銘)은 진양 정종로(鄭宗魯)의 글이다.

건계정(建溪亭)

예순여덟. 청금정(淸襟亭)

여린 싹　돋을 때에
푸르름　익혔는가

해맑은　옷깃 속에
다져온　곧은 한 뜻

연못에　그리려 하니
별이 찾아　머물다

1. 이치(李致)
- 이치(李致)는 1361년 12월 4일에 군북 상상곡에서 태어나고 1422년(세종 4년)에 돌아가셨다(63세).
- 이치(李致)의 자는 가일(可一)이고 호는 어은(漁隱)이며, 본관은 합천이다. 두문동에 들어간 72명의 한 사람이며, 절의충신(節義忠臣)으로 이름과 자(字)가 모두 고려왕조를 섬기겠다는 뜻이다
- 열여섯에 언양에 귀양가 있는 포은(圃隱)을 찾아가 제자가 되고, 1385년(우왕 11년)에 문과에 들어 벼슬이 대언집현전학사(代言執賢殿學士)에 올랐고, 간성왕 때에 보문각 직제학승평백(寶文閣直提學昇平伯)에 뽑혔다.
- 임신변혁에 부조현(不朝峴)을 넘어 두문동(杜門洞)에 들어 갔다가 조견(趙狷), 원선(元宣)과 서로 위로하였으며, 구홍(具鴻), 성사재(成思齋) 등과 이별의 시를 주고 받은 것이 있다.

- 청금정(淸襟亭) : 고려말의 충신 이치(李致)를 기리는 정자.
- 참고자료 : 한가락 시조집 7권(1997년).

2. 자취

- 청금정(淸襟亭)은 경상남도 합천군 합천읍 내곡리에 있으며, 이치(李致)가 세운 정자로, 주위에 소나무를 심고, 송경을 바라보며 통곡하고, 달밤이면 거문고로 마음을 달래던 곳이다. 정면 5칸 측면 2칸으로 한 쪽에 방을 만들었다.
- 청금정(淸襟亭)에서 산속으로 한 마장 쯤 되는 곳에 연못이 있는데, 이치(李致)가 낚시하던 곳이다, 지금도 연못이 있다.
- 두문동(杜門洞)에 들어 갔다가 후에 남쪽으로 내려온 뒤에 합천군 북쪽 만대산(萬代山) 서쪽에 있는, 상상곡 송여현 두암동(杜嵓洞)에 은거하였다.
- 효사목(孝思木)이 전하여 오는데, 이것은 청금정(淸襟亭) 주위에 심은 나무로, 임금에게 충성하고 어버이에게 효도하겠다는 마음을 다지는 나무이다.
- 산소는 거창군 지오동 동남쪽에 있다. 묘비가 옛 것이고 낡아서, 새로운 묘비가 세워졌으며, 작은 동자상도 있다.

청금정(淸襟亭)

예순아홉. 경모재(景慕齋)

섬으로　숨었다가
찾아든　도굴뫼에

열 구비　푸른 대에
솔뫼 터　그렸더니

뒷날에　부른 이름이
바로 숨다　하였다

1. 옥사온(玉斯瑥)
* 옥사온(玉斯瑥)은 1351년(충정왕 3년)에 태어나고 1413년에 돌아가셨다(63세).
* 옥사온(玉斯瑥)의 자는 숙보(肅甫)이며, 호는 정은(正隱) 또는 해은(海隱)이고, 본관은 의령(宜寧)이다. 고려말 절의충신(節義忠臣)이며, 절개를 굳게 지킨 은사(隱士)이다.
* 1398년(간성왕 1년) 진사로 문과에 올라 벼슬이 진현관제학(進賢館提學)에 이르렀다. 포은(圃隱) 정몽주(鄭夢周)에게서 야은(冶隱) 길재(吉再)와 더불어 성리학을 배우고, 재정립하여 명유학자로 추앙받는다.
* 임신변혁에 거제도에 들어갔고, 다시 의령 정골리(正骨里)에 은둔하면서 야은(冶隱) 길재(吉再), 호은(湖隱) 허기(許祺), 모은(茅隱) 이오(李午)

---
* 경모재(景慕齋) : 고려말의 충신 옥사온(玉斯瑥)을 기리는 재실.
* 도굴뫼(闍堀山) : 대의면에 있는 산이름.
* 바로 숨다 : 옥사온(玉斯瑥)의 호 정은(正隱)을 우리말로 바꾼 단어.
* 참고자료 : 한가락 시조집 7권(1997년).

와 사귀면서 시름을 달래고 송악산 그림을 벽에 걸고 조석으로 울며 개탄하다가 세상을 떠났다고 한다.

2. 자취

• 경모재(景慕齋)는 경상남도 의령군 대의면 신전리 마을 뒷편 도굴산(闍堀山) 기슭에 있으며, 옥사온(玉斯溫)을 추모하는 곳이다. 울창한 대숲이 뒤울에 둘러있고 뜰에는 연못이 있다. 솟을대문에는 귀후문(歸厚門)-조상을 받들면 백성의 덕이 돌아와 두텁다(논어)-현판이 걸려 있다.
• 경모재는 정면 4칸, 측면 2칸 규모로 홋처마에 팔작지붕을 하였으며, 바닥에 마루와 방을 내고 좌우 양쪽은 방을 한 칸씩 만들었으며, 계자난간을 설치하였고, 처마에 현판을 달고 네 개의 기둥에 주련을 걸었다.
• 좌측 마루에 상량문과 기(記)를 걸었고, 청절위추 서산협기(淸節爲秋西山夾氣)라는 편액이 있으며, 안 뜰에는 의춘각(宜春閣)이 있다.
• 산소는 재실의 우측 동산에 있으며, 도굴산(闍堀山)의 검은 석재로 호석을 하였고, 옛날의 비석이 서 있다.

경모재(景慕齋)

일흔. 학음재(鶴陰齋)

빛 바랜 주춧돌에
봄비가 촉촉한 날

울타리 성긴 틈새
풀 내음 밀려 들고

해오리 하얀 날개짓
서려올 듯 안길 듯

---

1. 조계방(趙繼芳)
- 조계방(趙繼芳)의 태어나고 돌아가신 때는 알지 못하며, 고려말의 절의충신(節義忠臣)이며, 은사(隱士)이다.
- 일찍이 문과에 올라, 벼슬이 보문각직제학(寶文閣直提學)이 되었다. 1361년(공민왕 10년) 홍건적이 개성을 함락하니, 임금이 피신함에 홍언박(洪彦博), 이암(李嵓) 등 22명과 함께 임금을 호종하였다. 이 내용은 철권(鐵卷)에 기록되었다.
- 1362년(공민왕 11년), 왕이 공북루(拱北樓)에 올라 판상시(板上詩)에 화답하라고 하니, 25명이 화답하여 지은 시가 동문선(東文選)과 청구풍아(青邱風雅)에 기록되었다.
- 학문과 문장에 뛰어난 재능을 보였으며, 자경시(自警詩), 퇴거시(退居詩) 2수, 자상시(自傷詩) 등의 시가 남아 전한다.

- 학음재(鶴陰齋) : 고려말의 충신 조계방(曺繼芳)을 기리는 재실.
- 참고자료 : 한가락 시조집 9권(1999년).

2. 자취

- 학음재(鶴陰齋)는 경상남도 창녕군 유어면 세진리에 있으며, 조계방(趙繼芳)의 덕을 추모하는 곳이다. 정면 4칸, 측면 2칸으로 정면 한 칸은 부엌 겸 누각으로 되어 있고, 가운데 두 칸은 마루와 방으로, 한 칸은 마루로 만들어졌다.
- 산소는 전하지 않으나 기록에는 창녕현 죽림(竹林) 가운데 있다고 하는데, 창녕군청 바로 옆에 유적지가 있고, 진흥왕 순수비가 있는데, 그 근방에 조계방(趙繼芳)의 무덤이 있었다고 한다.
- 추모각(追慕閣)에는 추모비와 비각이 있어서, 자취를 살펴 볼 수 있다.

학음재(鶴陰齋)

일흔하나. 거연정(居然亭)

솔 그늘 지붕 삼고
너럭골 거닐면서

밭 매고 누에 치며
이렇게 살아야지

살다가 치미는 시름
가얏고로 달래자

1. 전시서(全時敍)
• 전시서(全時敍)는 조선 선조 34년(辛丑,1600)에 태어나고, 숙종 4년(戊午,1677)에 돌아가시니 향년 78세이다. 조선 중기의 학자이며, 나라를 사랑하는 선비이다.
• 전시서(全時敍)의 자는 경삼(景三)이고, 호는 화림재(花林齋)이며, 본관은 정선(旌善)이다.
• 동계공(桐溪公) 정온(鄭溫)에게서 학문을 배웠으며, 병자호란이 일어나고, 삼전도(三田渡)의 치욕을 당하여 동계공(桐溪公)이 덕유산 자락에 은거하자, 전시서(全時敍)도 봉전리에 은거하였다. 그리고 동계공(桐溪公)이 돌아가시자, 3년 상을 지내고 세상과의 연락을 끊고 재물이나 벼슬을 탐하지 않고 깨끗한 정신을 지키며 세상을 살았다.

• 거연정(居然亭) : 조선조 중기의 학자 전시서(全時敍)를 기리는 정자.
• 참고자료 : 한가락 시조집 5권(1995년).

2. 자취

* 거연정(居然亭)은 경상남도 함양군 서하면 봉전리에 있으며, 전시서(全時敍)를 추모하는 곳이다. 정면 3칸, 측면 2칸으로 팔작기와지붕이며, 큰 개울 가운데 있는 바위 위에 기초를 하고 세워졌다. 주변 경치와 깊은 소(沼)가 인상적이며, 경치가 좋다. 가운데에 작은 방을 꾸며서 쉴 수 있게 만들었다.
* 전시서(全時敍)가 남긴 7언 한시(漢詩)가 지금도 전한다.
* 사락정(四樂亭)은 전철(全輒)을 추모하는 정자로, 거창군 마리면 영선리에 있다. 전철(全輒)은 을묘사화(乙卯士禍)를 당하여 벼슬을 버리고 고향에 내려와 증조부의 정자를 중수하여 이름을 사락정(四樂亭)이라고 붙였다.
* 사락(四樂)이란 농가의 즐거움(田家樂), 잠가의 즐거움(蠶家樂), 어가의 즐거움(漁家樂), 나무꾼의 즐거움(樵人樂)을 말한다.

거연정(居然亭)

일흔둘. 참성단(塹城壇)

땅 하늘 소근대는
뭍발치 갑비고차

큰 하날 꿈꾸면서
다지던 솔내 내음

밝은 해 언제 또 뜰까
다짐하는 손모듬

1. 단군(檀君)
• 한민족의 시조로 받드는 고조선의 첫 임금. 천제(天帝)인 환인(桓因)의 손자이며, 환웅(桓雄)의 아들로, BC 2333년 아사달(阿斯達: 평양?)에 도읍을 정하고 단군조선을 개국하였다. 한국 역사에 처음으로 등장하는 고조선과 단군에 관한 기록으로는 중국의 『위서』를 인용한 『삼국유사(三國遺事)』「기이편」에 실려 있는 자료가 있을 뿐, 정사(正史)인 『삼국사기(三國史記)』에는 기록되어 있지 않아 대조를 이룬다. 조선시대에 이르러 『세종실록(世宗實錄)』「지리지(地理志)」, 이승휴(李承休)의 『제왕운기(帝王韻紀)』, 권람(權擥)의 『응제시주(應製詩註)』에도 『삼국유사』와 비슷한 내용이 기록되어 있다.

2. 자취
• 참성단(塹城壇)은 인천광역시 강화군 화도면 문산리(해발 468m)에 있

• 참성단(塹城壇) : 인천광역시 강화군에 있는 마리산의 정상에 있는 제단.
• 뭍발치 : 땅의 끝자락.
• 갑비고차 : 강화의 우리 고유의 이름. 최근에는 한역하여 사용하고 있음.
• 손모듬 : 두 손을 모으고 기도하는 모습을 나타내는 단어.
• 참고자료 : 한가락 시조집 11권(2001년).

는 마리산(摩利山), 또는 마니산(摩尼山)의 정상에 있는 제단이다. 마리산(摩利山)의 뜻은 머리산[頭嶽]으로 으뜸가는 산, 신령스러운 산이다.
* 참성단(塹城壇)은 참성단(參星壇)이라고도 말한다. 축조된 기록은 단군세기(檀君世記)에 단군왕검(檀君王儉) 51년 무오(戊午, 1950년)에 하늘에 제사지내기 위하여 제단을 세웠다는 기록이 있다.
* 규원사화(揆園史話)에서는 단군이 남쪽으로 순행할 때에는 바다를 이용하여 갑비고차(甲比古次,이 한자는 우리말의 음을 기록한 것으로 별 의미는 없음. 지금의 강화도를 말함)에 도착하여 산 위에 단을 베풀고 하늘에 제사를 지냈다고 기록하고 있다. 하늘에 제사를 지내면 붉은 용이 나타나 신녀(神女)와 합(盒)을 주었다고 한다.
* 참성단(塹城壇)이란 구덩이를 판 성곽이란 뜻이며, 상방하원(上方下圓)으로, 위는 네모나게 만들어서 땅을 상징하고, 아래는 둥글게 만들어서 하늘을 형상화한 것이다.
* 참성단(塹城壇)을 건설하게 된 동기는 남이인(南夷人)의 환난이 있을 때에 단군의 아들들인 부소(夫蘇), 부루(夫婁) 등이 환난을 평정하고 참성단(塹城壇)에 제사 터를 마련한데서 비롯되었다고 한다. 그리고 군대를 통솔하기 위하여 삼랑성(三郎城)을 건설하였다는 기록이 있다.

참성단(塹城壇)

- 강화에는 단군이 제사를 지내던 참성단(塹城壇)이 있고, 강화의 옛 이름은 갑비고차(甲比古次)이며, 고구려 시대에는 혈구진(穴口陣), 신라 시대에는 해구군, 고려에 와서 강화로 불렀다. 항몽 40년의 임시 수도였고, 외포리에 항몽 유적 기념비가 있으며, 고려 고종이 아들 원종이 몽고에서 돌아오기를 기다렸다는 견자산이 있고, 고려의 대문장가 이규보의 사가재(四可齋) 재실과 산소가 실상면에 있다. 또한 조선조 철종이 왕이 되기 전에 나무하면서 물을 마셨다는 대문산 등. 역사의 유적들이 많이 있다.

지은이 벽고(碧皐) 장대열(張大烈)
1947년생(丁亥生)
서울 성사중학교 교사
학교 02-373-7746, 02-374-7693
전화 017-247-7743

한가락 시조모임 회원(1990년부터)
1999년 「창조문학」 시조부문 신인작가상 수상
1999년 「시조문학」 신인상 수상
한국시조시인협회회원
2001년 「끝까지 지키련다」 한시집(漢詩集) 공동 번역

벽고 시조집

두문동 문을 열다

2007년 4월 23일 초판인쇄
2007년 4월 29일 초판발행

지은이 | 장 대 열
펴낸이 | 김 영 환
펴낸곳 | 도서출판 다운샘
138-857 서울특별시 송파구 오금동 48-8
전화 4499-172 팩스 431-4151
등록 제17-111호(1993.8.26)

ISBN 978-89-5817-175-1 03810

값 9,000원